PSYCHOLOGISCHES AUFBAUTRAINING NACH SPORTVERLETZUNGEN

HERMANN/EBERSPÄCHER

PSYCHOLOGISCHES AUFBAUTRAINING NACH SPORTVERLETZUNGEN

BLV SPORTWISSEN

BLV

Die Deutsche Bibliothek – CIP-Einheitsaufnahme

Hermann, Hans-Dieter:
Psychologisches Aufbautraining nach Sportverletzungen /
Hermann/Eberspächer. – München ; Wien ; Zürich : BLV, 1994
(BLV-Sportwissen)
ISBN 3-405-14652-6
NE: Eberspächer, Hans:

Bildnachweis
Umschlagfotos: Exler/Hasenkopf
AFP Photo, S. 2/3
DPA/Leonhardt, S. 127
Exler, Thomas S. 29
Umschlaggestaltung: Julius Negele
Grafiken: Andrea Kupfer, Dipl. Grafik-Designerin, Hannover

Lektorat: Inken Kloppenburg Verlags-Service, München
Herstellung: Friedrich Wilhelm Bonhagen

BLV Verlagsgesellschaft mbH
München Wien Zürich
80797 München

BLV Sportwissen

Gesamtherstellung: Pustet, Regensburg

Gedruckt auf chlorfrei gebleichtem Papier

Printed in Germany · ISBN 3-405-14652-6

Inhalt

4 Psychische Rehabilitation verletzter Sportler – eine interdisziplinäre Aufgabe 128

Vorwort

Treat the Person, not just the Injury.[1]

Für das Zustandekommen dieses Buches haben wir vielen zu danken – in erster Linie natürlich den Sportlern, die in den vergangenen Jahren das psychologische Aufbautraining eingesetzt und durch vielfältige Hinweise und Vorschläge verbessert haben, so daß es heute auf breiter Ebene Anwendung findet.
Unschätzbare Dienste hat uns Frau Carola Kupfer durch ihre kompetente Mitarbeit bei der Manuskripterstellung erwiesen. Ihr ist es nicht zuletzt zu verdanken, daß sprachliche Stolpersteine entfernt und so manches »psychologische Kauderwelsch« entschärft wurde. Frau Andrea Kupfer fertigte die Abbildungen an. Auch ihr danken wir für ihre Arbeit.
Ein ganz besonderer Dank gebührt Tom Carlos für seine Geduld!
Eine Anmerkung, liebe Sportlerinnen, liebe Trainerinnen, liebe Medizinerinnen und Physiotherapeutinnen: Vor allem der Sprachfluß ließ uns nach längerer Diskussion davon Abstand nehmen, den Text zu teilfeminisieren. Weder die »-Innen«-Schreibweise noch die Doppelaufzählung (Athletinnen und Athleten) erschien uns als gute Alternative. Wir bitten daher um Verständnis für den maskulinen Genus (der/die Sportler) und hoffen, daß Sie sich trotzdem angesprochen fühlen.

Hans-Dieter Hermann und Hans Eberspächer

[1] Zitiert nach WEISS und TROXEL, 1986. Frei übersetzt: Behandle den ganzen Menschen, nicht nur die Verletzung.

Einführung

Nach offiziellen Schätzungen ereignen sich allein in Deutschland jährlich etwa 1,3 bis 1,4 Millionen Sportunfälle, wovon ca. 200 000 stationär behandelt werden müssen (HÜBNER, 1993). Sportverletzungen, die eine Unterbrechung des Trainings- und Wettkampfalltags zur Folge haben, bedeuten für die meisten Sportler einen erheblichen Einschnitt in den gewohnten Lebensrhythmus. Je nach Art und Ausmaß der Verletzung werden dann mehr oder weniger umfangreiche Rehabilitationsmaßnahmen ergriffen, die in der Regel von Medizinern, Physiotherapeuten und Trainern begleitet werden. Dabei wird von allen an der Rehabilitation beteiligten Personen zunehmend der Wunsch nach qualifizierter sportpsychologischer Unterstützung geäußert. Insbesondere in *längerfristigen Rehabilitationsphasen* hemmen oder blockieren die psychischen Probleme der Athleten oftmals den Genesungsfortschritt und somit die Wiedereingliederung in den Trainings- oder Wettkampfprozeß. Durch sportpsychologisches Know-how sollen derartige Faktoren vermindert beziehungsweise abgebaut werden.

Für einige der praktisch tätigen Sportpsychologen ist die psychische Rehabilitation nach Sportverletzungen bereits seit vielen Jahren ein bedeutsames Betätigungsfeld. Die Autoren dieses Buches können hier auf langjährige, umfangreiche Erfahrungen im Umgang mit Athleten aus den unterschiedlichsten Sportarten und Leistungsstufen zurückblicken: Engagierte Freizeitsportler nutzen ebenso die Möglichkeiten des psychologischen Aufbautrainings nach Sportverletzungen wie Medaillengewinner bei Weltmeisterschaften und Olympischen Spielen.

In vielen Fällen wird jedoch ausschließlich versucht, verletzte Sportler mit rein medizinischen, physiotherapeutischen und trainingswissenschaftlichen Maßnahmen möglichst schnell zu ihrer physischen Topform zurückzuführen, ohne sich mit der psychischen Beanspruchung der Verletzten auseinanderzusetzen. Dies kann zu erheblichen Differenzen zwischen psychischen und physischen Leistungsvoraussetzungen bei der Re-Integration in den Sportalltag führen. Die Folge ist *dann* zumindest eine Verlängerung der Wiedereinstiegszeit in das sportliche Geschehen. – Zu dieser Entwicklung tragen die Sportler selbst ebenfalls bei. Stellvertretend für die Einstellung vieler Athleten sei hier CLAUDIO SULSER (1985), ein ehemaliger Schweizer Fußballprofi, zitiert. Im Rückblick auf seine schwerste Verletzung bemerkte er (S. 143):

> *»Ich verglich meinen Körper mit einem Wagen, der einer dringenden Reparatur bedurfte. Man bringt den Wagen in die Werkstatt, läßt ihn reparieren, und nach kurzer Zeit geht er wieder einwandfrei, vielleicht sogar besser als früher. Leider sah dann die Realität für mich ganz anders aus.«*

Dieses mechanistische Körperbild ist auch heute bei den meisten Sportlern zu beobachten.
Die psychische Rehabilitation verletzter Athleten sollte nicht vom Gesamtgenesungsprozeß isoliert und ausschließlich an psychologisch geschultes Fachpersonal delegiert werden: Neben den betroffenen Sportlern und den Sportpsychologen können und sollen auch Mediziner, Trainer, Physiotherapeuten und das soziale Umfeld in diesem Bereich ihren spezifischen Teil beitragen. Effektive Rehabilitation setzt eine ganzheitliche Sichtweise voraus – Körper und Geist müssen parallel genesen.
Das vorliegende Buch möchte zunächst auf mögliche psychologische Probleme in der Rehabilitation verletzter Athleten aufmerksam machen. Den Schwerpunkt bildet das psychologische Aufbautraining, das als sportart- und verletzungsartübergreifender Leitfaden zur effektiven Nutzung (sport-)psychologischer Rehabilitationstechniken und deren Einsatz verwendet werden kann. Die Darstellung von Erfahrungen aus der sportpsychologischen Praxis, gestützt durch wissenschaftliche Ergebnisse, soll es allen betroffenen Sportlern ermöglichen, individuell zugeschnittene psychologische Trainingsmaßnahmen zu finden und sie in der Rehabilitationszeit, also während der körperlichen Genesung, anzuwenden. Es ist dabei nicht unbedingt entscheidend, alle dargestellten Maßnahmen minuziös durchzuführen, sondern diejenigen für sich zu wählen, die entsprechend den individuellen Notwendigkeiten bedeutsam sind. Dabei können auch die Hinweise zur sozialen Unterstützung und zum Schmerzmanagement hilfreich sein. Über die Trainingsmaßnahmen hinaus werden für (Sport-)Mediziner, (Sport-)Physiotherapeuten sowie für Trainer Vorgehensweisen erläutert, die ebenfalls ein wichtiger Bestandteil der psychischen Rehabilitation sind.
Grundsätzlich geht es nicht nur darum, verletzte Athleten möglichst schnell wieder zu ihrer sportlichen Leistungsfähigkeit zurückzuführen, sondern es soll Sportlern ein Weg aufgezeigt werden, durch aktive Beteiligung am psychischen Rehabilitationsprozeß gestärkt aus dieser kritischen Phase hervorzugehen. Ziel ist es, in der Rehabilitation die besten personalen und situativen Voraussetzungen zur Wiedererlangung der vollen sportlichen Leistungsfähigkeit zu schaffen. Einerseits soll dabei Vorsorge getroffen werden, daß keine rehabilitationshemmenden psychischen Problemlagen entstehen, andererseits werden Möglichkeiten aufgezeigt, mit bereits entstandenen Problemen umzugehen. Die intendierte »volle sportliche Leistungsfähigkeit« schränkt den hauptsächlich mit diesem Buch angesprochenen Rehabilitandenkreis auf jene Athleten ein, die eine günstige Prognose haben, unabhängig davon, ob sie engagiert in das Wettkampfgeschehen wieder zurückkehren wollen oder nicht. Im Fall einer ungünstigen Prognose, wenn also die sportliche Leistungs- und Wettkampftätigkeit nicht im vollen (vor dem Eintritt der Verletzung vorliegenden) Umfang wiedererlangt werden kann, muß das Hauptziel der Rehabilitation in einer Verringerung der körperlichen, psychischen oder sozialen Beeinträchtigung sowie in der Entfaltung der verbliebenen Möglichkeiten liegen. Auch hier können Prinzipien des psychologischen Aufbautrainings ihren Beitrag leisten.

1 Sportverletzungen und ihre psychischen Folgen

Eine aus medizinischer Sicht vollendete Rehabilitation eines Freizeit- oder Leistungssportlers ist selten gleichbedeutend mit unmittelbarer, hundertprozentiger Leistungsfähigkeit. Dies hat mehrere plausible, medizinisch und psychologisch begründete Ursachen. Auffallend ist jedoch, daß in vielen Fällen der ursprüngliche Leistungsstand trotz der wiederhergestellten körperlichen Voraussetzungen gar nicht mehr oder erst nach langer Wiedereinstiegszeit erreicht wird. Wenn man Trainer, Sportler oder Mediziner fragt, woran dies liege, so erhält man in der Regel die Antwort: »Der Kopf spielt noch nicht mit!« Das anberaumte Aufbautraining bringt nur langsam die gewünschten Leistungsfortschritte, schlechtestenfalls wird der Sport sogar ganz aufgegeben. Diese Entwicklungen können kaum überraschen, denn nach vorherrschender Sichtweise ist für eine gelungene Rehabilitation allein entscheidend, daß der Knochen wieder gut zusammenwächst, das Band wieder hält oder das Gelenk wieder einen bestimmten Winkel erreicht.

Vorherrschende Sichtweise

Die Bedeutsamkeit somatischer Faktoren beziehungsweise medizinischer Versorgung soll hier nicht in Frage gestellt werden, gleichwohl aber die Vorgehensweise: Es wird zwar häufig davon gesprochen, wie wichtig der mentale Bereich für die Genesung und die Leistungserbringung sei, in der Praxis wird er jedoch gleichzeitig ignoriert. Frei nach dem Motto: »Der Kopf rehabilitiert sich automatisch mit« werden kaum aktive Maßnahmen der psychischen Rehabilitation ergriffen. Im Gegenteil: Sind Fachkräfte mit ihrem Latein am Ende, so wird darauf hingewiesen, daß es *nur* noch an der Psyche liege. Bleibt dann das erwartete Anknüpfen an frühere Leistungen aus, werden die sportlichen Rehabilitanden schnell als labil und nicht belastbar bezeichnet und müssen in der Folgezeit mit diesem Ruf leben. Der Genesungsprozeß vieler prominenter Sportler wurde so in der Öffentlichkeit diskutiert.

Sportlich-soziales Umfeld

Interessanterweise verhindert häufig auch das sportlich-soziale Umfeld ein reibungsloses Comeback. Ist das Verständnis von Trainern, Betreuern, Mannschaftskollegen und Sponsoren bei auftretenden Schwierigkeiten nach Verletzungspausen anfänglich recht groß, kann dies schnell auch in Unverständnis und Ungeduld umschlagen. Tritt letzteres ein, können Folgeprobleme entstehen. Da viele Athleten ihr Selbstbewußtsein aber über ihre (körperliche) Leistung(sfähigkeit) definieren, haben sie nach überstandener Verletzung die doppelte Schwierigkeit, unter vermindertem Selbstwertgefühl sportliche Leistungen zu erbringen, denen sie sich ohnehin noch nicht gewachsen fühlen. Selbstzweifel können sich verstärken, die erwartete Leistung bleibt aus. Unglücklicherweise gibt es auch Trainer, die es für sinnvoll erachten, ihren Sportlern in der Rehabilitationszeit ein Gefühl der Wertlosigkeit zu vermitteln. Insbesondere im professionellen und semiprofessionellen Mannschaftssport ist zu beobachten, daß den Sportlern erst dann die entsprechende Aufmerksamkeit zuteil wird, wenn sie wieder »funktionieren«. Manche Trainer rühmen sich sogar damit und meinen, daß ihre Nicht-Beachtung die Motivation fördere, bald wieder dabeisein zu wollen. Daß dies in Ausnahmefällen tatsächlich schon den gewünschten Effekt erbracht hat, soll hier nicht bestritten werden. Sportler, die sich durch ein solches Trainerverhalten zu verstärkten Rehabilitationsbemühungen anhalten lassen, sind jedoch kaum von der Idee geleitet, bald wieder gesund zu werden, sondern sie wollen um beinahe jeden Preis möglichst schnell wieder dabeisein. Der nötige Rehabilitationsprozeß wird verkürzt – mit dem Risiko erhöhter Wiederverletzungsgefahr oder eines späteren Schadens.

Risiko der Wiederverletzung

Unter derartigen Bedingungen ist eine gezielte, umfassende Rehabilitation nicht nur erschwert, sondern unmöglich. In der Zusammenarbeit mit verletzten Athleten wird oftmals deutlich, daß die eigentliche Belastung nicht die Verletzung ist, sondern die eigene Ungeduld und das fordernde Umfeld, das vom Rehabilitanden den zweiten Schritt vor dem ersten verlangt.
Insgesamt muß festgestellt werden, daß generell psychische Probleme als Folge von Verletzungen von Sportlern in der Rehabilitation unterschätzt oder ignoriert werden. Da sie nachhaltige Effekte auf den Genesungsprozeß und die weitere Leistungsfähigkeit haben, werden sie im folgenden kurz beschrieben.

Belastungsreaktionen[2] verletzter Sportler

> *»Ich habe während Jahren meine Sportart ausgeübt, ohne zu überlegen, daß ich auch einmal verletzt werden könnte. Ich dachte wie die meisten Automobilisten in bezug auf Verkehrsunfälle: es passiert immer den anderen. Ich empfand es als selbstverständlich, praktisch jeden Tag zu trainieren, um dann irgendwo in der Schweiz oder im Ausland ein Spiel bestreiten zu können. Plötzlich ist das, was gestern selbstverständlich war, heute nicht mehr möglich. Man ist mit einer neuen unvorhergesehenen Situation konfrontiert. ... Es entsteht zuerst ein psychologisches Problem: das psychische Bewältigen der Verletzung.«*
> (Sulser, 1985, S. 144)

Die Selbstbeschreibung von Claudio Sulser ist eine der wenigen deutschsprachigen Publikationen zu den mentalen Problemen verletzter Sportler. Dem Fußballprofi machten in seiner fünfmonatigen Genesungszeit Motivationsprobleme und ein aus Mangel an körperlicher Betätigung resultierendes Gefühl der Unzufriedenheit am meisten zu schaffen.

---

[2] Belastungsreaktionen sind in der psychologischen Literatur ausführlich beschrieben und in übergreifende Konzepte zum Streßgeschehen integriert (z. B. Lazarus und Folkman, 1987; Janke, 1976). Streßmodelle finden auch im vorliegenden Buch Berücksichtigung, werden aber nicht weiter ausgeführt.

Athleten-befragung

Im Rahmen eigener Untersuchungsreihen in den Jahren 1991 bis 1993 befragten die Autoren dieses Buches insgesamt 59 männliche und weibliche Leistungssportler aus 10 verschiedenen Sportarten nach Beendigung ihrer Rehabilitation (Dauer mindestens 4 Wochen) zu ihrem psychischen Befinden während der Zeit zwischen Verletzungseintritt und Wiederaufnahme des sportartspezifischen Trainings. Abbildung 1 stellt im Überblick die am häufigsten genannten psychischen Befindlichkeiten prozentual dar. Bedeutsame Unterschiede zwischen den Einschätzungen weiblicher gegenüber männlichen Athleten konnten nicht festgestellt werden.

Alle Athleten berichten über Ängste und Befürchtungen. Insbesondere die Sorge um die weitere körperliche Unversehrtheit (97%) beeinträchtigt das Befinden. Aber auch die Angst, daß die Karriere beendet sein könnte (37%), daß man nicht mehr das Vertrauen der Trainer genießt oder daß sich die Struktur im Team zu eigenen Ungunsten verändert (soziale Angst, 41%), wurde oft angeführt. Jeweils 53% der Athleten berichteten von Gefühlen der Niedergeschlagenheit und der Ungeduld.

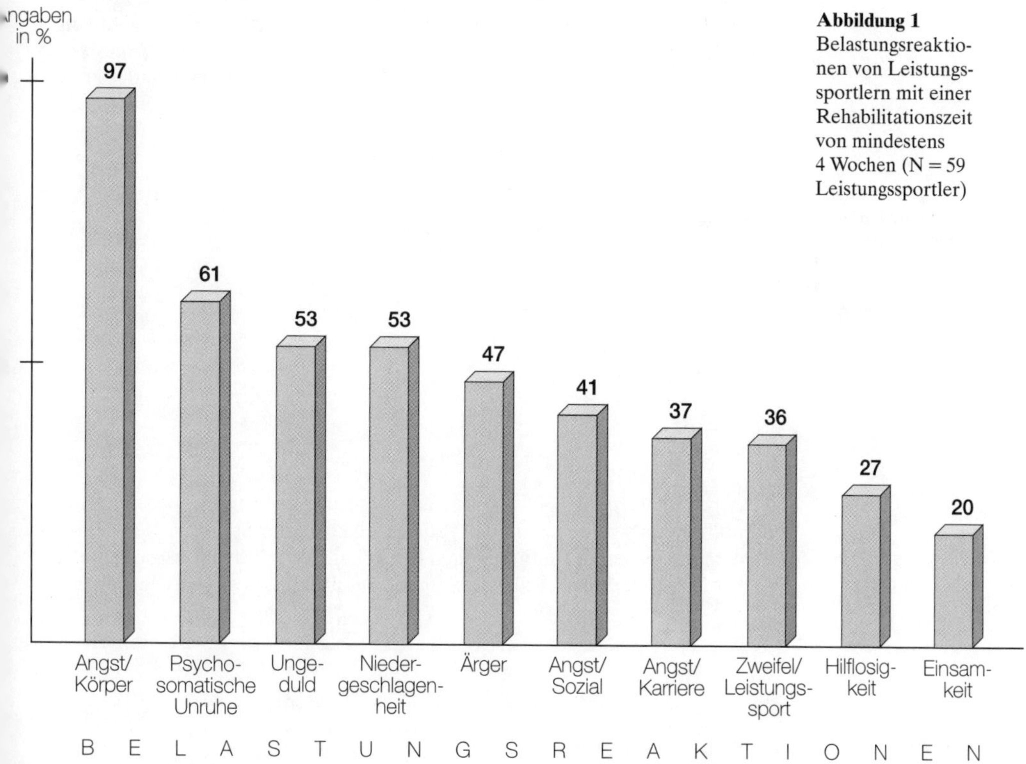

Abbildung 1
Belastungsreaktionen von Leistungssportlern mit einer Rehabilitationszeit von mindestens 4 Wochen (N = 59 Leistungssportler)

Motivationsprobleme der Athleten drücken sich insbesondere durch Zweifel am Sinn des Leistungssports (36%) aus. Sind ungeduldige Rehabilitanden eher *übermotiviert*, so ist bei jenen, die sich fragen, warum sie sich das alles antun, eine Tendenz zur *Resignation* zu beobachten. Wird aber in dieser Zeit – mit psychologischer Hilfe oder auch ohne – die Sinnfrage des Sporttreibens geklärt, gehen diese Sportler erfahrungsgemäß zielgerichtet an das Rehabilitationstraining heran. Dann ist meist auch ein leistungsförderlicher Langzeiteffekt zu beobachten. Hauptsächlich die jüngeren Athleten berichten von aufgetretenem Ärger (insgesamt 47%). Psychophysiologisch geht Ärger mit Erregung einher und ist für die Heilung daher kontraproduktiv.

Aussagen, die auf psychosomatische Unruhe (61%), auf Hilflosigkeit (27%) und auf Gefühle der Einsamkeit (20%) schließen lassen, sind für einen Teil der Rehabilitanden ebenfalls nicht zu unterschätzende negative Faktoren in der Rehabilitation.

Sportmedizinerbefragung

In der Tendenz ähnlich äußerten sich auch 9 befragte Sportmediziner, die allesamt im Hochleistungssport tätig sind. Auf die Frage, welche Probleme ihrer Beobachtung nach bei Athleten in einer längerfristigen Rehabilitationszeit (mehr als 4 Wochen) auftreten, nannten die Mediziner am häufigsten den Umgang mit Ängsten, Ungeduld und Langeweile (Abbildung 2). Nach ihren Einschätzungen sind zudem Selbstzweifel der Athleten, Zweifel am Sinn des Leistungssports, Einsamkeit und Orientierungslosigkeit zu bemerken (HERMANN und EBERSPÄCHER, in Druck).

Abbildung 2 Medizinereinschätzung der Belastungsreaktionen verletzter Leistungssportler (N = 9 Sportmediziner)

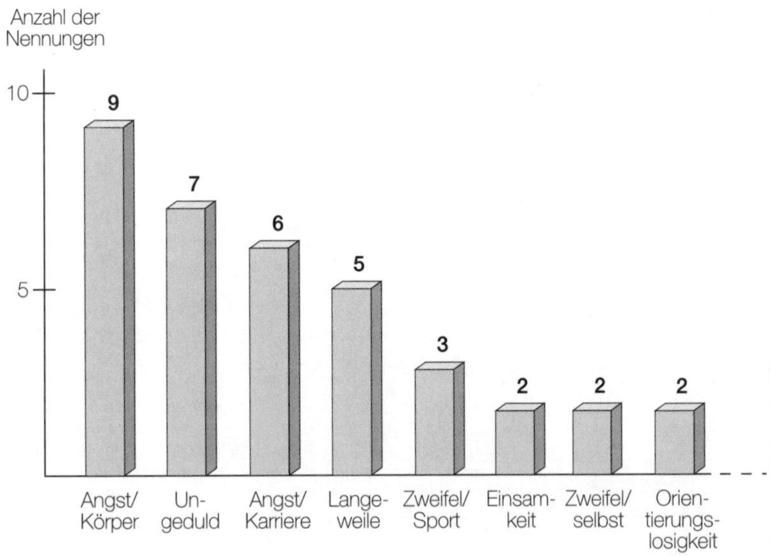

Diese Ergebnisse werden durch die Untersuchung von Weiss und Troxel (1986) gestützt: Sie interviewten 10 verletzte Hochleistungssportler aus unterschiedlichen Sportarten (Volleyball, Basketball, Leichtathletik und Ringen) und fanden bei den Athleten Zweifel, Angst, Wut, Depression, Spannung, Müdigkeit und somatische Störungen als Reaktion auf die Verletzung.
Einen interessanten Aspekt bringen McDonald und Hardy (1990) in die Diskussion: Sie untersuchten die emotionalen Reaktionen von 5 verletzten Leistungssportlern, die zumindest 3 Wochen jeglichem Training fernbleiben mußten. Sie überprüften, ob sich die psychische Befindlichkeit der Athleten während der Rehabilitation verändert und ob ein korrelativer Zusammenhang zwischen den emotionalen Reaktionen und dem wahrgenommenen Rehabilitationsfortschritt besteht. Diese – trotz der kleinen Stichprobe – methodisch einwandfreie Untersuchung ist eine der wenigen Arbeiten, die auf hohem Datenniveau Aussagen zur Verletzungsbewältigung im Sport vorlegen kann. Die Autoren fanden zu Beginn der Rehabilitationszeit bei den Athleten eine negative Gemütsverfassung mit erhöhter Spannung/Angst, Depression, Ärger, Müdigkeit und Konfusion. Dies veränderte sich zwischen der zweiten und der vierten Woche der Rehabilitation extrem positiv. Mit fortschreitender Rehabilitationszeit steigert sich dann die Wahrnehmung der Verbesserung, und die psychischen Muster korrelieren bei den Untersuchungsteilnehmern hoch mit dem von ihnen wahrgenommenen Genesungsfortschritt.

Akzeptanz der Verletzung

Für die Autoren ist dies ein deutlicher Hinweis darauf, daß die Athleten zunächst die Tatsache der bestehenden Verletzung akzeptieren und emotional zum Ausdruck bringen müssen, bevor sie ihre *emotionale Energie* in den Rehabilitationsprozeß investieren können. Sie diskutieren die emotionalen Reaktionen auf die Verletzung unter dem Gesichtspunkt, daß Athleten einen Verlust ihres Selbstwerts erleiden, da sie temporär Mobilität, Kontrolle, Stärke und Unabhängigkeit verlieren. Zudem erleben sie einen Ansehens- und Statusverlust, verlieren Spielpraxis und die Aufmerksamkeit der Mannschaftskollegen, der Trainer und der Presse. Trotz der Kurzfristigkeit des Zustands erfahren viele Betroffene ein traumatisches Erlebnis, was wiederum wegweisend für die weiteren Reaktionen ist.
Wie wichtig der sinnvolle Umgang mit Ängsten und Unsicherheiten für die Wiedererlangung der sportlichen Leistungsfähigkeit ist, zeigt die Studie von Bussmann und Alfermann (1990): Ihre Ergebnisse bei Leichtathleten belegen, daß in vielen Fällen die psychischen Folgen der Verletzung nicht bewältigt werden. Vor allem die Angst, eine erneute Sportverletzung zu erleiden, führt oftmals dazu, die gesamte sportliche Karriere aufzugeben.

»Drop-out«

Beeinflussende Faktoren der Belastungsreaktion

Die praktischen Erfahrungen mit Sportlerinnen und Sportlern aller Fertigkeits- und Wettkampfstufen zeigen, daß die Art und das Ausmaß der Belastungsreaktion von vielen Faktoren abhängen kann (Abbildung 3). Diese Faktoren können in der Persönlichkeit des Rehabilitanden und in den Umständen der Verletzung begründet liegen oder auch situations- und sportartbedingt sein.

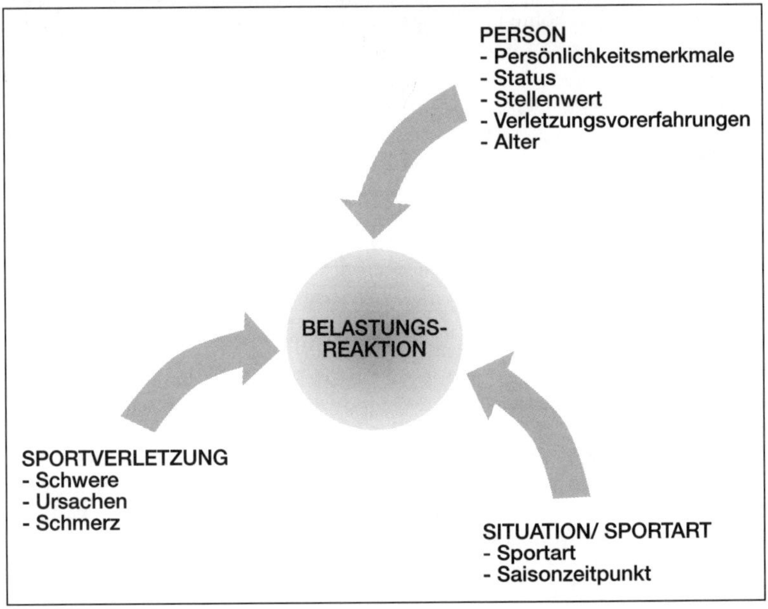

Abbildung 3 Beeinflussende Faktoren der Belastungsreaktion auf eine Sportverletzung

Neben den Umfeldbedingungen (z. B. Verhalten der Mediziner, Trainer oder anderer Bezugspersonen) beeinflussen diese Faktoren das Erleben und die psychischen Reaktionen in Rehabilitationszeiten entscheidend.

Verletzungsbedingte Faktoren

Schwere der Verletzung

Als bedeutendster Faktor ist die Schwere der Verletzung zu nennen. Aus psychologischer Sicht kann sie aus der *Rehabilitationsdauer* und der Möglichkeit einer vollständigen *Wiedererlangung der sportlichen Leistungsfähigkeit* abgeleitet werden. Bei leichten Verletzungen – mit einer Rehabilitationszeit von unter 4 Wochen – treten nur selten psychische Probleme auf. Kann aufgrund eines

Sportschadens die sportliche Leistungsfähigkeit nicht mehr erreicht werden, so daß der jeweilige Sport sogar ganz aufgegeben werden muß, sind in Einzelfällen schwerwiegende psychische Probleme zu beobachten. Die Inanspruchnahme einer psychotherapeutischen Beratung sollte dann in Betracht gezogen werden.

Rehabilitationsdauer

Daß die unterschiedliche Dauer der Rehabilitation erheblichen Einfluß auf psychische Reaktionen der Athleten besitzt, belegen SMITH, SCOTT, O'FALLON und YOUNG (1990) in einer mehrstufigen Untersuchungsreihe mit insgesamt knapp 130 verletzten Athleten. In der Rehabilitationsphase wurden zu Beginn der Rehabilitation erhöhte Frustrations-, Depressions- und Ärgerwerte bei allen Athleten und bei einer Kontrollgruppe aus Nicht-Sportlern (dort allerdings weniger ausgeprägt) gemessen. Die 23 Athleten, die am schwersten verletzt waren, zeigten darüber hinaus noch bis einen Monat nach dem Eintritt der Verletzung – im Vergleich zu Nicht-Sportlern – signifikant erhöhte Depressions-, Ärger- und Spannungswerte.

Die höchsten Ärgerwerte gab es in der Gruppe der unter 18jährigen stark verletzten Athleten. Dieses Ergebnis ist nicht überraschend, da sich in der Altersgruppe unter 18 Jahren nur wenige Athleten Sorgen über die körperliche Unversehrtheit machen. Tritt dann tatsächlich eine Verletzung auf, wird sie als »Ärgernis« interpretiert.

Die Untersuchungen gelangen zu dem Schluß, daß die Schwere der Verletzung sowie eine Wahrnehmung des Genesungsfortschritts einen hohen Einfluß auf die emotionalen Reaktionen haben. Die stark verletzten Athleten nahmen den Genesungsfortschritt noch nicht oder nur kaum wahr, da sie sich weit entfernt von ihrem Ziel, der sportlichen Leistungsfähigkeit, wähnten.

Ursachen der Verletzung

Die individuelle Ursachenzuschreibung für den Eintritt der Verletzung spielt eine wichtige Rolle bei den emotionalen Reaktionen in der Rehabilitation. Die Reaktionen sind abhängig davon, ob die Verletzungsursache bekannt oder unbekannt, ob sie selbst- oder fremdverschuldet ist. In der Praxis ist oftmals zu beobachten, daß das Wissen um die Ursache und um das eigene Fehlverhalten zu weniger starken psychischen Reaktionen führt, da ein Gefühl der Kontrolle und der Eigenverantwortlichkeit bei dem Verletzten bestehen bleibt.

Schmerz

Die individuelle *Schmerzschwelle* und *Schmerztoleranz* variieren von Person zu Person. Die Schmerzschwelle ist vom einzelnen kaum beeinflußbar und wird als angeborenes Merkmal definiert. Beeinflußbar sind hingegen Schmerztoleranz und Schmerzempfinden. Die Schmerztoleranz wird als erlernte und damit auch veränderbare Komponente im Schmerzgeschehen angesehen. Die wahrgenommene Schmerzintensität hängt – vor allem bei geringeren Schmerzen – von der Aufmerksamkeit ab, die man dem Schmerz widmet.

Wahrgenommene Schmerzintensität

Insbesondere dieser letzte Punkt ist in der Rehabilitationszeit von besonderer Bedeutung: Da die sportlichen Patienten durch den Verletzungseintritt, die noch nicht gesicherte vollständige Genesung und eventuell durch unklare Folgeerscheinungen (z. B. Mannschaftszugehörigkeit nach der Rehabilitation) verunsichert sind, erhöht sich die Eigenbeobachtung der körperlichen Empfindungen. Daraus resultiert eine gesteigerte Schmerzsensibilität der Betroffenen, so daß das Auftreten von manchmal auch nur leichten Schmerzen als bedrohlich eingestuft wird und – vermittelt über Angst – zu einer verstärkten Schmerzwahrnehmung führt. Abbildung 4 veranschaulicht diesen Kreislauf, der erheblichen negativen Einfluß auf die Befindlichkeit und auf die Wahrnehmung der Rehabilitation haben kann.

Abbildung 4
Zusammenhang von Wahrnehmung, Schmerz und Angst

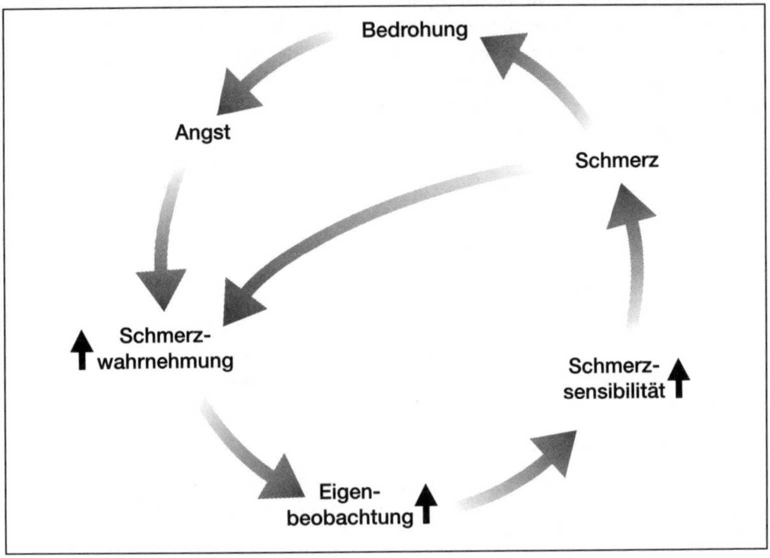

Schmerzempfindlichkeit ist keine sportlertypische Erscheinung. Nach Jarmenko, Silbert und Mann (1981) klagen Sportler zwar häufiger über Schmerzen als Nicht-Sportler, verfügen aber andererseits über eine höhere Schmerztoleranz. Insbesondere bei Athletinnen scheint eine hohe Schmerztoleranz im Alltag und bei sportlichen Handlungen vorzuliegen. Aus lernpsychologischer Sicht kann dieser Zusammenhang damit begründet werden, daß sie von früher Jugend an für die Unempfindlichkeit belohnt werden. Wenn sie als Kinder und Jugendliche Verletzungen »tapfer ertragen«, sind die – häufig als Trainer fungierenden – Elternteile stolz auf dieses Verhalten und stützen es durch Lob oder besondere Zuwendung.

Schmerzbeurteilung

Bei der Beurteilung des Schmerzes in der Rehabilitation kann es Schwierigkeiten bereiten, ihn direkt der Verletzung beziehungsweise der Operation zuzuordnen (*reaktiver Schmerz*). Mediziner, Pflegepersonal oder Physiotherapeuten sehen dann die geäußerten Schmerzempfindungen unter Umständen als übertrieben an. In den seltensten Fällen wird man so den Betroffenen gerecht, denn das Schmerzerleben kann durch Erfahrungen aus der Vergangenheit beeinflußt werden (*operanter Schmerz*). Wenn es beispielsweise für engagierte Sportler die einzige Möglichkeit ist, sich durch Schmerzäußerungen Pausen im Trainings- und Wettkampfgeschehen zu verschaffen, erhalten diese Schmerzäußerungen einen (meist unbewußten!) positiven Charakter. Auch in diesem Fall wirkt der in Abbildung 4 beschriebene Kreislauf: Auftretende Schmerzen werden stärker beachtet, die Schmerzsensibilität und die -wahrnehmung gesteigert. Durch den erlernten Zusammenhang erhöht sich auch die Wahrscheinlichkeit, in einer belastenden Situation wie der Rehabilitation mit erhöhter Schmerzempfindlichkeit, dem Aussprechen der Schmerzen sowie mit negativen Emotionen zu reagieren. Davon sind insbesondere der wahrgenommene Genesungsfortschritt und die Rehabilitationsmotivation betroffen.

Schmerzäußerungen

Problematisch wird der operante Schmerz auch im Aufbautraining nach Sportverletzungen: Schmerzempfindungen, verminderte Schmerztoleranz sowie Unsicherheiten und Ängste können dazu führen, daß sich die Rehabilitanden nicht in der Lage fühlen, die entsprechenden Übungen durchzuführen. Ein behutsames Vorgehen und die anfängliche Inkaufnahme kleinerer Fortschritte von seiten der Therapeuten und Trainer können bei diesen Rehabilitanden symptomverschlimmernde und rehabilitationshemmende psychische Reaktionen eindämmen.

Personbedingte Faktoren

Persönlichkeitsmerkmale

Persönlichkeitsmerkmale werden in diesem Zusammenhang ebenfalls diskutiert. Es darf davon ausgegangen werden, daß Personen mit generell hoher Ängstlichkeit und mit nur wenig ausgeprägten unterstützenden Streßbewältigungsstrategien (wie z. B. positives Selbstgespräch) stärkere rehabilitationshemmende Belastungsreaktionen zeigen. Athleten berichten auch über völlig unterschiedliche Auftretenszeiten der psychischen Probleme und Reaktionen: So ist es keine Seltenheit, daß einige Sportler zu Beginn der Rehabilitationsphase noch so stark mit der neuen Situation (Klinikrhythmus, häufige Untersuchungen o. ä.) beschäftigt sind, daß negative Emotionen erst nach einigen Tagen der Beruhigung auftreten.

GROVE, STEWARD und GORDEN (1990)[3] fanden mit Hilfe diverser Persönlichkeitsfragebogen und eines Befindlichkeitsfragebogens heraus, daß in Abhängigkeit von Personfaktoren die Befindlichkeit verschiedene Verläufe nehmen kann. Pessimistische Athleten erleben demnach in der Rehabilitation stärkere depressive Gefühle und Ärger als optimistische Sportler. Besonders auffallend ist, daß die Depression im Verlauf der ersten drei Wochen nach der Operation bei den Pessimisten ansteigt und der Ärger praktisch gleich bleibt. Bei optimistischen Rehabilitanden nehmen beide Gefühle mit Fortschreiten der Rehabilitation ab.

Pessimisten

Optimisten

[3] Zitiert nach WIESE-BJORNSTAL UND SMITH, 1993.

Das Persönlichkeitsmerkmal *Risikobereitschaft* ist als beeinflussender Faktor von besonderer Bedeutsamkeit. Die Verletzung als Folge eines freiwillig übernommenen, also eines zuvor einkalkulierten Risikos wird von den Betroffenen leichter akzeptiert. Problematisch wird es jedoch bei den Athleten, die objektive und subjektive Risiken in ihrer Sportart verdrängt haben: Durch das Erleben einer Verletzung werden diese Gedanken wieder ins Bewußtsein gerückt, mit eventuell erheblichen und langfristigen emotionalen Folgen. Dies ist kaum verwunderlich, denn nach offiziellen Statistiken ist nicht nur das Verletzungs-, sondern auch das Todesrisiko bei langjähriger Ausübung in manchen Sportarten erheblich: Bei Extrembergsteigern liegt beispielsweise die Gefahr eines tödlichen Unfalls bei 1:7, bei Drachenfliegern 1:22, bei Fallschirmspringern 1:23 und bei Tauchern 1:96. Aber auch außerhalb dieser sogenannten Extremsportarten (vgl. hierzu Weichbrodt, 1994) sind markante Zahlen zu verzeichnen. So liegt das Todesrisiko eines Profiboxers immerhin bei 1:220 und das eines Skirennläufers bei 1:4000 (Reif, 1986). Durch den Eintritt einer Verletzung kann dieses objektive (statistische) Risiko erheblichen Einfluß auf das zurückverfolgte oder vorausschauende subjektive Risiko erlangen. Hierdurch können ebenfalls psychische Reaktionen in der Rehabilitationsphase ausgelöst werden.

Objektives und subjektives Risiko

Ähnliche Prozesse sind auch bei Sportlern zu beobachten, die keine Sportarten mit hohem Todesrisiko, wohl aber solche mit dem Risiko einer schweren Verletzung oder gar der Invalidität betreiben. So liegt beispielsweise die Wahrscheinlichkeit für einen Fußballspieler, innerhalb eines Jahres schwer verletzt zu werden, bei 1:18, für eine leichte Verletzung (Zerrung, Prellung) bei 1:2,1. Selbst für Hobbyskiläufer liegt das Risiko einer schweren Verletzung innerhalb eines Jahres noch bei 1:30. Reif (1986) legt vergleichbare Zahlen auch für andere vielbetriebene (Profi- und Freizeit-)Sportarten vor.

Werden sich Sportler erst durch die Verletzung klar, daß sie ein verdrängtes hohes Risiko eingegangen sind, dauern auftretende negative emotionale Reaktionen in der Rehabilitationsphase länger an und begleiten den Wiedergenesenen weiter. Insbesondere bei Ängsten erhöht sich dadurch die Wahrscheinlichkeit, in der Folgezeit einerseits nicht mehr an frühere Leistungen anknüpfen zu können und andererseits eine weitere Verletzung zu erleiden.

Kritik an Modellübertragung

Smith, Scott und Wiese (1990) warnen davor, psychische Reaktionen der Durchschnittsbevölkerung auf Verletzungen als Modell für die Befindlichkeit verletzter Athleten anzusehen. Sie üben damit Kritik an beinahe allen amerikanischen Kollegen, die ungeprüft die psychischen Reaktionen Sportverletzter an das Modell von Kübler-Ross (1969) zum Trauerverhalten anlehnen. Smith und Mitarbeiter betonen, daß Kübler-Ross eine gänzlich andere als eine Sportlerpopulation untersuchte. Sie belegen anhand von Untersuchungen aus den zurückliegenden 20 Jahren deutliche Unterschiede zwischen Athleten und Nicht-Athleten in Persönlichkeit und emotionalem Verhalten und ziehen daraus den Rückschluß auf unterschiedliche Bewältigungsstrategien bei eintretenden Verletzungen. Daraus abzuleiten, daß Sportler generell anders als die nicht-sporttreibenden Menschen auf Verletzungen reagieren, führt jedoch ebenfalls in eine argumentative Sackgasse, da in keiner Untersuchung festgestellt werden konnte, daß es *die* Sportlerpersönlichkeit gibt.

Status

Sind Sportler durch die Verletzung in ihrer Existenz bedroht (Profi), ist auch die psychische Belastung höher als bei Freizeitsportlern. Je nach Versicherungslage und beruflichen Alternativen können Berufssportler in erhebliche Krisen geraten, die sich auch in den psychischen Reaktionen äußern.

Individueller Stellenwert

Unabhängig vom persönlichen Status des Sports kann für das Auftreten negativer psychischer Reaktionen in der Rehabilitationszeit auch der individuelle Stellenwert des Sports im Leben des Betroffenen mitverantwortlich sein. Wird Sport beispielsweise – bewußt oder unbewußt – zur Bewältigung oder Verdrängung anderer Probleme eingesetzt, ist es durchaus möglich, daß diese Probleme während der Verletzungszeit verstärkt wieder auftreten. So erleben sich Personen durch eine Verletzung in ihrem Selbstwertgefühl gefährdet, wenn sie ihre Selbstbestätigung vornehmlich aus sportlichen Erfolgen und aus der damit verbundenen sozialen Anerkennung ziehen.

Selbstwertgefühl

Zu beobachten ist auch, daß das psychische Befinden der Athleten unmittelbar vor der Verletzung viel damit zu tun hat, wie Athleten auf die Verletzung reagieren. Vor allem Sportler, die durch die sportliche Tätigkeit ihren Alltagsärger loswerden wollen, fallen durch eine Verletzung leicht in depressive Zustände oder fühlen sich zumindest frustriert.

Wie Chan und Crossman (1988) mit ihrer Untersuchung an Läufern belegen, kann das emotionale Erleben von Athleten auch sekundär durch das Verändern ihres Stabilität und Rückhalt gebenden Lebensrhythmus' beeinflußt werden: Läufer, denen ihr tägliches Training – ohne Vorliegen einer Verletzung – untersagt wurde, stuften sich bereits nach zwei Wochen statistisch auffallend depressiver, ängstlicher, konfuser und weniger Selbstwert erlebend ein als Personen, die ihrem Training regelmäßig nachgehen konnten.

Verletzungsvorerfahrungen

Verletzungsvorerfahrungen tragen ebenfalls zu den Belastungsreaktionen bei. Sportler, die noch nie ernsthaft verletzt wurden, reagieren häufig besonders stark auf die Situation. Verletzungserfahrene Athleten hingegen schätzen die Situation anders ein: Verletzungen, die schon einmal erlitten wurden und problemlos ausgeheilt sind, ziehen in der Regel weniger ausgeprägte oder auch völlig andere psychische Folgen nach sich.

Alter

Ein weiterer Faktor kann das Alter der Verletzten sein, da unter Umständen schon eine leichte Verletzung bei vergleichsweise älteren Sportlern das Ende der sportlichen Laufbahn bedeutet. Jugendliche Athleten sehen trotz größerer Ungeduld im Rehabilitationsprozeß eine andere sportliche Perspektive als Dreißigjährige, die vielleicht nur noch *einen* bedeutsamen Wettkampf bestreiten wollen.

Situations- und sportartbedingte Faktoren

Sportart

Interessanterweise scheinen Verletzungen und Verletzungserfahrungen in Sportarten, wie z. B. Handball, Ski Alpin, Judo oder Moto-Cross, wesentlich häufiger zum Alltagsbild der Betroffenen zu gehören. Viele verletzte Athleten aus diesen Sportarten akzeptieren ihre Situation schneller und sind dadurch in der Lage, zielgerichtet und psychisch weniger belastet den Rehabilitationsprozeß zu gestalten. Längerfristige rehabilitationshemmende psychische Reaktionen sind in der Zusammenarbeit der Autoren mit Rehabilitanden aus diesen Sportarten vergleichsweise selten zu beobachten gewesen.

Saisonzeitpunkt

Auch der Saisonzeitpunkt der Verletzung ist wichtig: Unmittelbar vor Saisonhöhepunkten, wie beispielsweise Qualifikationen oder Meisterschaften, wird eine Verletzung vom Athleten mit wesentlich höherem Frustrationsgrad und Ärger aufgenommen. Immerhin treten nach Kerr und Minden (1988) 27% aller Verletzungen unmittelbar vor einem wichtigen Ereignis auf.

Alle genannten Faktoren sind zunächst durch geeignete Verfahren der Eigen- oder Fremddiagnostik soweit wie möglich zu analysieren, ehe einzelne Maßnahmen der psychischen Rehabilitation angewendet werden. Erst unter Berücksichtigung dieser Faktoren lassen sich psychologische Rehabilitationsmaßnahmen individuell zu einem rehabilitationsunterstützenden System zusammenführen.

Verletzung als Vehikel für Zuwendung

Es muß an dieser Stelle abschließend auch auf die Möglichkeit hingewiesen werden, daß es *in Ausnahmefällen* Sportler geben kann, die durch ihre Verletzung einen subjektiven Gewinn ziehen. Die Umstände der Verletzung dienen dann als Vehikel zur Selbstdarstellung. So können diese Rehabilitanden jene Zuwendung und Aufmerksamkeit (vor allem aus dem privaten Umfeld) erhalten, die sie sich zuvor für ihre sportlichen Leistungen erhofft hatten. Vor einer schnellen Zuordnung und Überbewertung dieses Aspekts muß jedoch gewarnt werden, da die Gefahr besteht, die Verletzung und die resultierenden Probleme zu unterschätzen. Außerdem soll durch derartige Mutmaßungen keine Argumentation für Personen geschaffen werden, die sich ohnehin zuwenig persönlich um die verletzten Sportler kümmern.

Merkmale erfolgreich rehabilitierender Sportler

Es stellt sich die Frage, ob es Verhaltensweisen, Merkmale oder Einstellungen von Sportlern gibt, die eine Rehabilitation unterstützen und dazu führen, daß die Rekonvaleszenz vergleichsweise schnell und ohne weitere Komplikationen überstanden wird. Ist dies der Fall, so können verletzte Athleten von erfolgreichen Rehabilitanden wichtige Kriterien für den eigenen Beitrag zur psychophysischen Rehabilitation erfahren.

In mehreren Studien Anfang der 90er Jahre haben HERMANN und EBERSPÄCHER insgesamt 59 Leistungssportler nach einer Verletzungspause gefragt, was ihnen – im nachhinein betrachtet – neben der fachmedizinischen Betreuung während der Rehabilitation am besten bei der Genesung geholfen hat. Abbildung 5 stellt

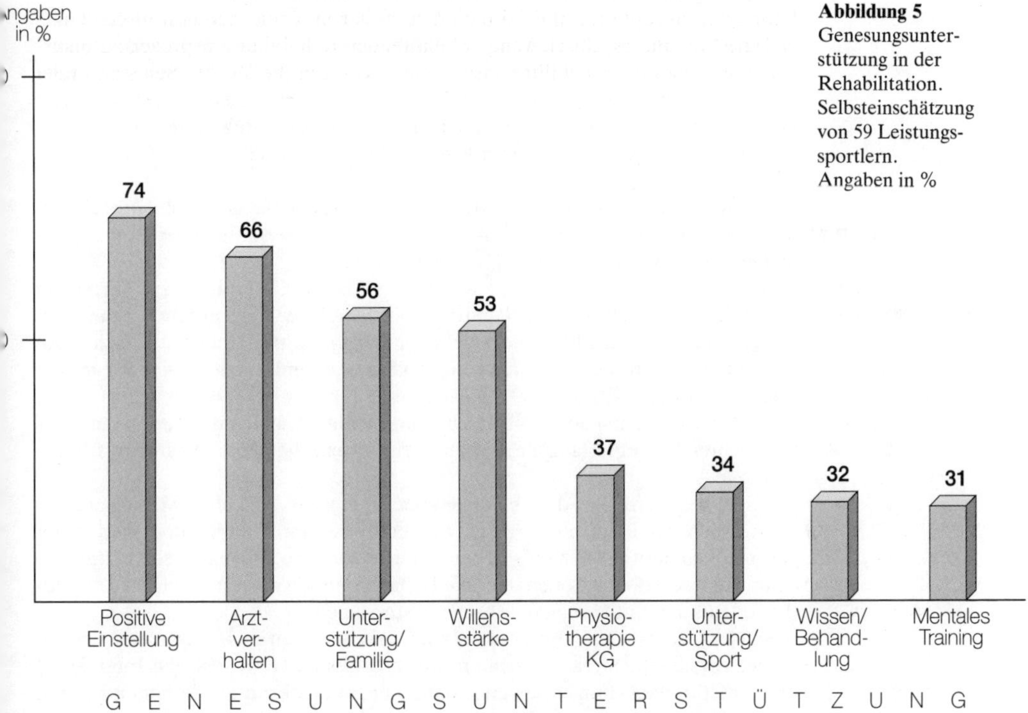

Abbildung 5
Genesungsunterstützung in der Rehabilitation. Selbsteinschätzung von 59 Leistungssportlern. Angaben in %

zusammenfassend die meistgenannten Aussagen der Athleten prozentual dar. Diese Aussagen wurden durch strukturierte Interviews gewonnen, anschließend inhaltsanalytisch ausgewertet und dabei zu den in der Abbildung dargestellten Hauptkategorien zusammengefaßt.

Eigenverantwortung / Eigeninitiative

Auffallend ist, daß die Mehrzahl der Nennungen auf eigenverantwortliche Inhalte bezogen wurde. So sind »positive Einstellung«, »Willensstärke«, »Mentales Training« und das »Wissen über die Behandlungsinhalte« vor allem der Eigeninitiative der Rehabilitanden zuzuordnen. Das Arztverhalten, Unterstützung seitens der Familie und des sportlichen Umfelds (Teamkollegen, Trainer, sonstige Betreuer) sowie begleitende sportphysiotherapeutische/krankengymnastische Maßnahmen sind hingegen eher als externe Faktoren einzustufen.

Beinahe alle Athleten glauben, daß ihre eigene positive Einstellung maßgeblich zu ihrer Genesung beigetragen hat. In diese Kategorie fallen Aussagen wie »Ich habe keine Wunder erwartet, aber konsequent mitgearbeitet.« oder auch »Ich wußte, daß ich Geduld haben muß und es dann auch schaffen werde, wieder Leistungssport zu treiben.« »Ich habe mich nie aufgegeben!« ist eine der typischen Aussagen für Willensstärke in der Rehabilitation.

Überraschend ist, daß sie auch ihre Bemühungen, etwas über die Behandlung und die Gründe für die einzelnen Maßnahmen zu erfahren, als genesungsunterstützend einstufen. Dies dürfte vor allem mit einem Gefühl der Selbstkontrolle über die Situation zu erklären sein: Wenn sportliche Patienten das Gefühl haben zu wissen, warum welche Maßnahmen ergriffen werden, stehen sie dem Gesamtprozeß offener gegenüber. Sie erleben weniger Hilflosigkeit und Ausgeliefertsein.

Mentales Training

Der häufige Einsatz des Mentalen Trainings zeugt davon, daß ein Teil der Athleten aktiv die Rehabilitationszeit für die Aufrechterhaltung der Leistungsfähigkeit nutzt.

Arztverhalten/ Physiotherapie

In der Kategorie Arztverhalten wurden vor allem die Geduld, die zur Verfügung stehende Zeit und die Gesprächsführung der Mediziner angesprochen. Ähnliches gilt für den Bereich Physiotherapie/Krankengymnastik. Neben der fachlichen Qualifikation wird den persönlichen Kontakten hohe Bedeutsamkeit beigemessen.

Soziales Umfeld

Viele Athleten sehen auch in Besuchen und Hilfeleistungen der Familie und des sportlichen Umfelds (soziale Unterstützung) entscheidende Faktoren für die Genesung.

Die Sportler wurden in dieser Studie außerdem nach möglichen Verbesserungsvorschlägen zur Erleichterung des Wiedereinstiegs in Training und Wettkampf gefragt. Sie nannten am häufigsten externe persönliche und materielle Unterstützung, bessere Informationen über die Behandlung sowie umfangreichere physiotherapeutische/krankengymnastische Maßnahmen.

Besonders interessante Ergebnisse konnten die Autoren Ievleva und Orlick (1991) vorstellen. Sie untersuchten mit qualitativen (retrospektive Interviews) und quantitativen (Fragebogen mit statistischer Auswertung) Methoden 32 knöchel- oder knieverletzte Athleten, die eine Genesungszeit von durchschnittlich knapp 10 Wochen einhalten mußten, nach ihren psychologischen Strategien während der Rehabilitation. Ievleva und Orlick teilten die Athleten drei Gruppen zu (Abbildung 6): schnelle Rehabilitanden (bis zu 5 Wochen Genesungszeit), mittelschnelle Rehabilitanden (5 bis 12 Wochen) und langsame Rehabilitanden (über 12 Wochen). Auch wenn man bei den folgenden Ergebnissen die Einschränkung machen muß, daß Personen mit kürzerer Rehabilitationszeit vieles positiver sehen als jene, die eine längere Genesungsphase zu durchleben haben, so sind die Resultate in ihrer Tendenz beachtenswert.

Vor allem im Bereich des *positiven Selbstgesprächs* und der *realistischen Zielsetzung* wichen die Gruppen statistisch bedeutsam voneinander ab: Diese beiden Faktoren waren bei den schnellen Rehabilitanden am stärksten ausgeprägt. Zusätzlich unterschied sich die schnelle von der langsamen Gruppe durch die konsequente Vorstellung des Heilungsprozesses (»Healing Imagery«). Daß der

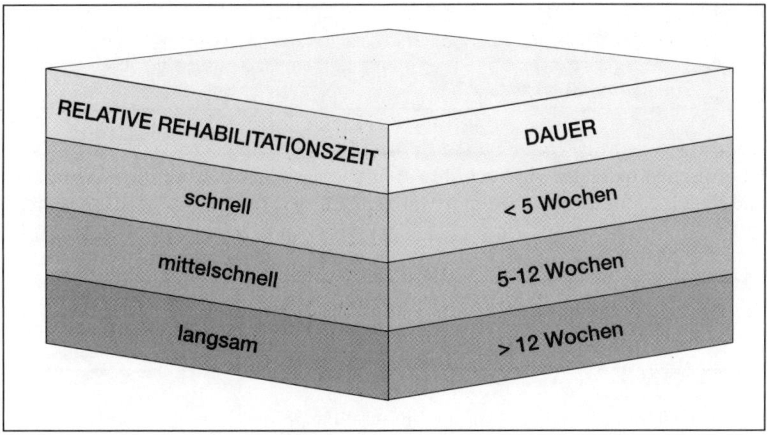

Abbildung 6
Dauer der Rehabilitation. Gruppeneinteilung der Rehabilitanden in der Untersuchung von Ievleva und Orlick, 1991

Faktor *soziale Unterstützung* zwar ebenfalls Unterschiede aufzeigte, statistisch aber keine Bedeutung erlangte, führen die Autoren selbstkritisch auf seine mangelnde Erfassung zurück.

Auf die Frage: »Sprechen Sie manchmal mit sich selbst?« antworteten sowohl die Mitglieder der langsamen Gruppe als auch die der schnellen Gruppe mit »Ja«. Unterschiede bestanden allerdings im Inhalt: Waren die Selbstgespräche der schnellen Gruppe vornehmlich positiv geprägt (»Bald geht es wieder besser!«), so ließ sich in der langsamen Gruppe das Gegenteil feststellen (»Warum muß gerade mir eine solche Verletzung passieren?«).

Genesungsunterstützung

Auf die Frage, was ihnen in der Rehabilitation am meisten geholfen habe, nannte die schnelle Gruppe vor allem persönliche Verantwortung, Mentales Training, Zielsetzung, soziale Unterstützung und positive Einstellung. Die langsamen Rehabilitanden empfanden in erster Linie externe Maßnahmen wie die Physiotherapie als unterstützend. Sie meinten darüber hinaus, daß sie ohnehin kaum selbst einen Einfluß auf die Genesung nehmen könnten, und äußerten im Vergleich zur schnellen Gruppe eine höhere Angst vor Wiederverletzung. Abbildung 7 verdeutlicht die auffälligsten von Ievleva und Orlick gefundenen Unterschiede zwischen den sportlichen Patienten mit kurzer Genesungszeit und denen mit einer Rehabilitationszeit von mehr als drei Monaten.

Von Hermann und Eberspächer (in Druck) befragte Sportmediziner berichten ebenfalls, daß sich erfolgreich rehabilitierende Sportler durch bestimmte Merkmale (Abbildung 8) von jenen Rehabilitanden unterscheiden, die entsprechend der Schwere ihrer Verletzung eine längere Zeit brauchen, um in den Trainings- und Wettkampfalltag zurückzufinden.

Nach Einschätzung der Sportmediziner fällt auf, daß erfolgreiche Rehabilitanden eine positive Einstellung zu den einzelnen Maßnahmen und zur Rehabilitation haben. Sie arbeiten motiviert mit (sogenannte Compliance), haben realistische Ziele vor Augen und genießen die Unterstützung durch das familiäre und

Abbildung 7
Vergleich schneller und langsamer Rehabilitanden. IEVLEVA und ORLICK, 1991

REHABILITANDEN SCHNELLE	REHABILITANDEN LANGSAME
Positives Selbstgespräch	Negatives Selbstgespräch
Realistische Zielsetzung	Keine oder irreale Zielsetzung
»Healing Imagery«	–
Persönliche Verantwortung	–
Soziale Unterstützung	Wenig soziale Unterstützung
Selbstkontrolle	Fremdkontrolle
–	Angst vor Wiederverletzung

sportliche Umfeld – sowohl in der Immobilitätsphase als auch in der Folgezeit. Darüber hinaus sind die emotionale Ausgeglichenheit, das Selbstvertrauen und das Vertrauen zum Arzt und den Behandlungsmaßnahmen aus Medizinersicht bedeutsam für eine erfolgreiche Rehabilitation.

Trainer-befragung

Auch WIESE, WEISS und YUKELSON (1991) fragten in ihren Untersuchungen unter anderem nach den Charakteristika erfolgreich rehabilitierender Athleten. Ihre Zielgruppe waren 115 Trainer. Zu den bedeutendsten Aussagen gehörten auch hier die positive Einstellung, die Willensstärke, das Selbstvertrauen und die realistische Zielsetzung. Die Trainer wiesen darüber hinaus auf die Bedeutung hin, Techniken zur Erleichterung der Rehabilitation (Entspannungstraining, Mentales Training) einzusetzen.

Die 1989 durchgeführten Untersuchungen von DUDA, SMART und TAPPE belegen einen engen Zusammenhang zwischen psychologischen und sozialen Faktoren auf der einen Seite und einer erfolgreichen medizinisch-physiotherapeutischen Behandlung andererseits. 40 Sportler (College-Athleten), die man dem Lei-

Abbildung 8
Merkmale erfolgreich rehabilitierender Athleten – Medizinereinschätzung (N = 9). HERMANN und EBERSPÄCHER, in Druck

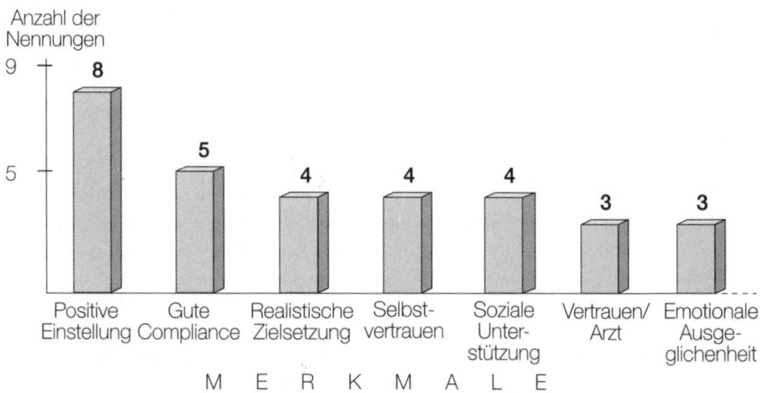

stungssport und dem engagierten Freizeitsport zurechnen kann, mußten aufgrund von Knie-, Fußgelenk- und Schulterverletzungen durchschnittlich 3 Wochen auf jegliches Training verzichten. Aus der Vielzahl der Untersuchungsergebnisse kann geschlossen werden, daß jene Sportler erfolgreich rehabilitieren, die soziale Unterstützung erhalten (vor allem von der Familie), Eigenmotivation bei der Mitarbeit zeigen und realistische Zielsetzungen haben. Das Wissen über die Behandlungsmaßnahmen und der Glaube an ihre Effektivität sind nach DUDA und Mitarbeiter ebenfalls bedeutsame Faktoren.
Vielfältige praktische Erfahrungen der Autoren sowie wissenschaftliche Untersuchungen belegen eindrucksvoll die rehabilitationsförderliche Wirkung positiver psychischer und sozialer Bedingungen. Abbildung 9 faßt die bedeutendsten Faktoren nochmals zusammen. Die Abbildung ist in zwei Bereiche unterteilt: zum einen die Faktoren, die die Rehabilitanden selbst zu verantworten haben (*interne Faktoren*), auf der anderen Seite die äußeren Einflüsse (*externe Faktoren*). Zu den internen Faktoren zählen in diesem Fall auch jene, die von den Betroffenen selbst initiiert werden müssen, wie beispielsweise das Wissen über die Behandlung oder auch Formen des psychologischen Trainings (z. B. Mentales Training).

Eigenverantwortung

Fremdverantwortung

Da die verschiedenen Faktoren im Einzelfall eine unterschiedliche Gewichtung haben oder bekommen können, sind sie in dieser allgemeinen Abbildung so dargestellt, daß ihnen jeweils prinzipiell die gleiche Bedeutung zukommt. Festzuhalten bleibt jedoch, daß alle wissenschaftlichen Untersuchungen übereinstimmend die positive Einstellung und die realistische Zielsetzung als entscheidende Kriterien für eine erfolgreiche Rehabilitation hervorheben. Die praktischen Erfahrungen der Autoren unterstützen diesen Befund.

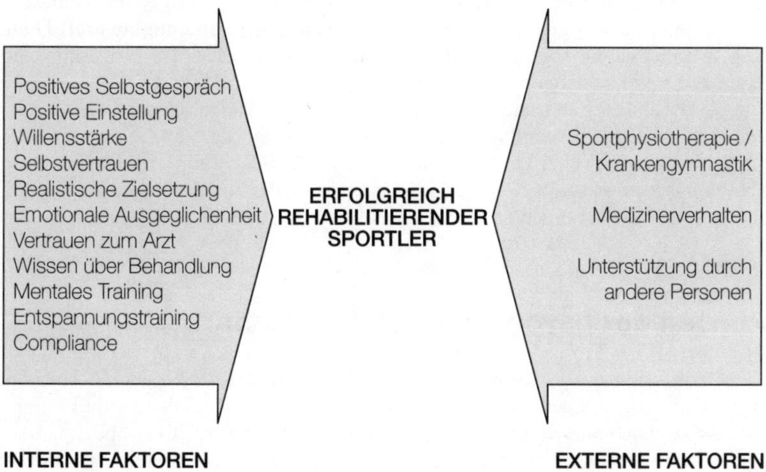

Abbildung 9
Übersicht der Merkmale erfolgreich rehabilitierender Sportler – Zusammenfassung vorliegender Untersuchungsergebnisse

2 Psychische Rehabilitation nach Sportverletzungen

Ein international bekannter Skispringer zog sich bei einem schweren Sturz mit kurzzeitiger Bewußtlosigkeit mehrere Knochenbrüche und Prellungen zu. Dank intensiver medizinischer, krankengymnastischer und sportphysiotherapeutischer Betreuung konnte er nach einigen Monaten die erfreuliche Diagnose »ohne Befund« vernehmen. Einer Fortsetzung der Karriere stand scheinbar nichts mehr im Wege, was aufgrund mangelnder beruflicher Alternativen auch sein Ziel war. Trotzdem schaffte er es nicht mehr, konstant an frühere Leistungen anzuknüpfen. Später beschrieb er seine durch den Sturz und die Verletzung aufgetretenen Unsicherheiten und Ängste, die ihm insbesondere auf größeren Schanzen und bei Wettkämpfen zusetzten. Letztlich führten Frustration und Resignation zum Rückzug aus dem Leistungssport, obwohl seine körperlichen Voraussetzungen noch etliche Jahre in diesem Sport erwarten ließen.

Dieses Beispiel skizziert den oftmals typischen Ablauf der Rehabilitation: Sportler werden medizinisch-physiotherapeutisch behandelt und betreut, so daß von dieser Seite her bestmögliche Bedingungen für den Wiedereinstieg in den Sportalltag geschaffen werden. Je einschneidender das individuelle Verletzungserleben war, um so problematischer gestaltet sich aber die psychische Verarbeitung. Wird sie – wie im obigen Beispiel – völlig vernachlässigt, kann es nicht überraschen, wenn die Psyche in der Folgezeit die sportliche Handlung hemmt: Dem Kopf wurde bislang noch keine Rehabilitation gegönnt. Der Faktor *Zeit* bringt dabei nur unter günstigen Umständen eine Entlastung.

Zielgerichteter, geplanter, kontrollierter Rehabilitationsprozeß

Die psychische Rehabilitation muß daher als Teil des zielgerichteten, geplanten und kontrollierten Rehabilitationsprozesses verstanden werden. Ziel ist es, durch das Training psychischer Fertigkeiten und durch die Beachtung sozialer Faktoren Handlungsvoraussetzungen zu schaffen, damit verletzungsbedingte Beanspruchungen und Belastungen sowie deren Folgen bewältigt werden können.

Phasen der psychischen Rehabilitation

Zur Strukturierung des Rehabilitationsprozesses haben verschiedene Autoren (z. B. Ehrich und Gebel, 1988; Einsingbach, 1988; Kreuzriegler und Gollner, 1990) den Versuch unternommen, die Rehabilitationszeit aus sportmedizinisch-physiotherapeutisch-trainingswissenschaftlicher Sicht modellartig darzustellen. Dabei werden einzelne Rehabilitationsphasen unterschieden, die – linear aufeinander aufbauend – verschiedene Maßnahmen begründen. Derartige Modelle sind mit Sicherheit für eine rein medizinische – körperliche – Sichtweise hilfreich, berücksichtigen aber den gesamten psycho-sozialen Bereich nicht. Dies erscheint vor allem deshalb verwunderlich, weil in keiner der Publikationen der Hinweis auf den bedeutsamen psychologischen Anteil in der Rehabilitation fehlt.

Prozeß-modelle

In diesen Modellen wird aufgrund ihrer Linearität und Starre einerseits der Umstand vernachlässigt, daß auch physische Rückschläge oder ungünstige Entwicklungen zu erwarten sind, andererseits finden die gesamte Bewältigungsproblematik und die daraus resultierenden psychischen Probleme keine Beachtung. Ohne sie aus dem interdisziplinären Rahmen herauslösen zu wollen (vgl. Kapitel 4, S. 128ff.), kann in Anlehnung an KNAPP (1977) der Verlauf der psychischen Rehabilitation vier Phasen zugeordnet werden, die sich zeitlich am physischen Rehabilitationsfortschritt orientieren:

Verlauf der psychischen Rehabilitation

1. Akutphase
2. Phase der Rehabilitationsvorbereitung und -findung
3. Phase der sportlichen Rehabilitation
4. Phase der Vorbereitung auf den Wettkampfalltag.

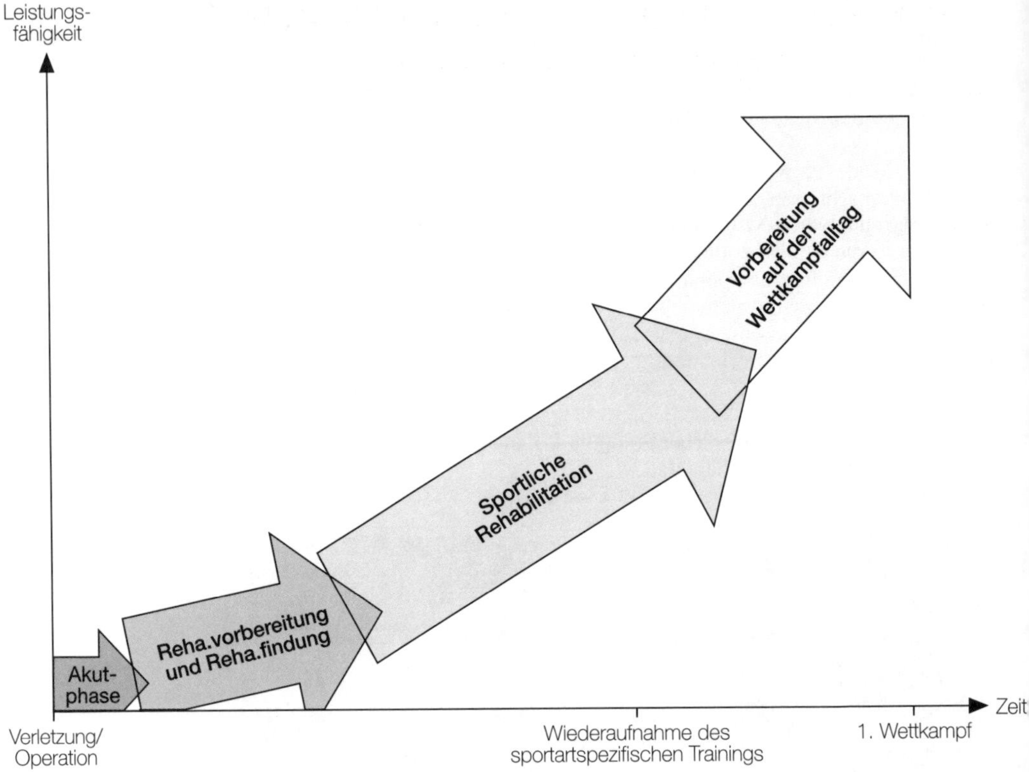

Abbildung 10 Phasen der psychischen Rehabilitation nach Sportverletzungen

Diese Aufteilung zeigt bereits, daß aus psychologischer Sicht die gesamte Rehabilitation mit dem Eintritt der Verletzung beziehungsweise der operativen Maßnahme beginnt und zumindest bis zum ersten Wettkampf, eventuell noch darüber hinaus, führt. Abbildung 10 stellt dies schematisch dar.

Die *Akutphase*, eine kurze Zeit am Anfang des gesamten Rehabilitationsprozesses, beginnt mit dem Eintritt der Verletzung oder des operativen Eingriffs. Sie geht überlappend in die *Phase der Rehabilitationsvorbereitung und -findung* über. In direktem Anschluß setzt parallel mit dem Einsatz erster (sportartunspezifischer) Trainingsinhalte die *Phase der sportlichen Rehabilitation* ein, die so lange andauert, bis das – zunächst reduzierte – sportartspezifische Training in höherem Umfang wieder aufgenommen werden kann. Übergangslos beschließt die *Phase der Vorbereitung auf den Wettkampfalltag* mit dem ersten Wettkampf (oder auch dem ersten Spiel) die Rehabilitation. Werden Wettkämpfe als Aufbauwettkämpfe eingesetzt, so sollte der Gesamtprozeß mit dem ersten *bedeutsamen* Wettkampf für beendet angesehen werden.

3 Psychologisches Aufbautraining nach Sportverletzungen

Durch psychologisches Aufbautraining soll verletzten Sportlern die Möglichkeit gegeben werden, parallel zur körperlichen Genesung auch die mentale Seite zu stützen beziehungsweise zu rehabilitieren. Angesprochen werden vor allem Sportler, die aufgrund einer Verletzung eine *mehrwöchige* Trainingspause einlegen müssen. Von den einzelnen hier dargestellten psychologischen Techniken profitieren erfahrungsgemäß aber auch Kurzzeitrehabilitanden.

Handlungsregulation

Analog den Ausführungen von Eberspächer, Hermann und Kallus (1993) sollen die Beiträge der Betroffenen selbst als aktive Handlungen zur psychischen Rehabilitation verstanden werden. Da Handlungen über Prozesse der Informationsverarbeitung (sogenannte kognitive Prozesse) reguliert werden, setzen mehrere der psychologischen Rehabilitationsmaßnahmen an *kognitiven Fertigkeiten* (Eberspächer, 1990) zur Bewältigung der Situation an. Für das Erlernen und Optimieren dieser Fertigkeiten ist – vergleichbar dem Erlernen und Optimieren von Bewegungsabläufen – Training notwendig: das psychologische Aufbautraining.

Hauptziel dieses Kapitels ist es, (verletzten) Sportlern und anderen Interessierten psychologische Trainingsformen in verständlicher Form näherzubringen, so daß sie im Lauf der Rehabilitationszeit auf Fertigkeitsniveau eingesetzt werden können. Jede Trainingsform wird in Theorie und Praxis erläutert und abschließend nochmals zusammengefaßt.

Es ist nicht davon auszugehen, daß jeder Betroffene alle hier aufgeführten Fertigkeiten neu lernen muß. Einige Sportler setzen Formen des psychologischen Trainings bereits im normalen sportlichen Alltag ein und beherrschen sie auf einem hohen Niveau. Für andere sind nicht alle Trainingsformen relevant. So muß selbstverständlich niemand, der generell über ein ohnehin zu niedriges Aktivationsniveau klagt, zusätzlich auch ein Entspannungstraining einüben und durchführen.

Das psychologische Aufbautraining soll den Betroffenen eine Reihe von Trainingsmöglichkeiten aufzeigen, die sie nach eigener Einschätzung oder auch nach Rücksprache mit kompetenten Personen auswählen und in den Rehabilitationsprozeß entsprechend ihrer Problemlagen, Interessen und Bedürfnisse integrieren. Die einzelnen Unterkapitel sind so konzipiert, daß das Training in Eigenregie durchgeführt werden kann. Gleichwohl kann die aktive und passive Unterstützung durch kompetente Personen hilfreich sein.

Eigendiagnostik und *Zieldefinition* sind allerdings unumgängliche Voraussetzungen für die Auswahl und die Anwendung psychologischer Trainingsformen in der Rehabilitation. Diese Maßnahmen sollten daher zunächst mit besonderer Aufmerksamkeit beachtet werden.

Im Anschluß an die Darstellungen der psychologischen Trainingsformen folgen einige Anmerkungen zur Bedeutsamkeit des erlebten sozialen Rückhalts in der Rehabilitation. Aus Athletensicht ist dabei zu fragen, was die Betroffenen selbst zur Förderung der sozialen Unterstützung beitragen können.
Zusammenfassend für jede Rehabilitationsphase werden dann die Maßnahmen, die Athleten selbst oder in Zusammenarbeit mit ihren Trainern gestalten können, dargestellt. Ein kurzer Überblick zu den Möglichkeiten des psychologischen Schmerzmanagements schließt sich an.
Das *Trainerverhalten* ist für die Befindlichkeit der Sportler und für die Effektivität des psychologischen Aufbautrainings von hoher Wichtigkeit. Da Rehabilitanden hierauf jedoch nur einen begrenzten Einfluß haben, wird es erst am Ende des Kapitels behandelt. Die darin enthaltenen praktischen Hinweise sind an die Trainer gerichtet.

Eigendiagnostik

Für verletzte Athleten stellt sich mit der Verletzung häufig ein Zustand ein, den viele Betroffene als »in der Luft hängend« bezeichnen. Um zu Beginn der längerfristigen Rehabilitationszeit eine erste Struktur in die ungewohnte und ungeklärte Situation zu bekommen, ist es für die Betroffenen hilfreich, sich zunächst selbst nach Befindlichkeit, Sorgen und aktuellen Belastungen zu fragen.

Erste Grobdiagnostik

Standardisierte Fragebogen oder andere Verfahren liegen nicht in einer solchen Form vor, daß man sie als Rehabilitand selbst auswerten und entsprechende Schlüsse ableiten könnte. Daher hat sich in der sportpsychologischen Praxis der Autoren ein Fragenkatalog zur Eigendiagnostik bewährt, der bestehende Probleme grob aufzeigt sowie erste Ansatzpunkte zur Bewältigung, Wünsche und Ziele konkretisiert.
Die 15 Fragenkomplexe sollten alle möglichst spontan und realistisch beantwortet werden. Es ist empfehlenswert, die Fragen in ihrer Reihenfolge zu bearbeiten, jeweils zuerst die Ja/Nein-Antwort anzukreuzen und dann die freien Felder mit Stichworten auszufüllen.

Fragenkatalog zur Eigendiagnostik verletzter Sportler

Datum:

	Ja	**Nein**
1. Welche Gefühle gehen mir im Moment vor allem durch den Kopf, wenn ich an meine Verletzung und an die Rehabilitationszeit denke?		
....		
....		
....		
2. Mache ich mir Sorgen?	☐	☐
Wenn ja: Worüber hauptsächlich?		
....		
....		
....		
Ist jemand durch meine Verletzung ebenfalls betroffen?	☐	☐
Wenn ja: Wer und warum?		
....		
....		
....		
3. Habe ich Kenntnis darüber, welche Maßnahmen von medizinischer Seite unternommen wurden und werden?	☐	☐
Wenn ja: Welche und zu welchem Zweck?		
....		
....		
....		
Wenn nein: Mediziner fragen.		
4. Wer trägt die Verantwortung für meine Verletzung?		
....		
....		
Wie kam es zu der Verletzung?		
....		
....		
....		
Was hätte ich anders machen können, um dieser Verletzung zu entgehen? Was werde ich beim nächsten Mal in einem vergleichbaren Fall versuchen, besser/anders zu machen?		
....		
....		
....		

▷

	Ja	Nein
5. Hat sich meine Befindlichkeit seit dem Verletzungseintritt verschlechtert?	☐	☐
Wenn ja: Durch welche Gefühle drückt sich dies aus?		
Gibt es spezielle Gründe für die Verschlechterung?	☐	☐
Wenn ja: Welche sind das?		
6. Kann ich normalerweise mit belastenden Situationen (Streß) eher gut umgehen?	☐	☐
Welche meiner Vorgehensweisen im Umgang mit Streßsituationen haben sich bislang für mich als hilfreich, welche als zusätzlich störend herausgestellt? Hilfreich: .... Störend:		
7. Traue ich mir zu, auch eine längerfristige Rehabilitation motiviert durchzustehen und konsequent mitzuarbeiten?	☐	☐
Wenn nein: Wie könnte ich meine Motivation steigern?		
8. Welche Ziele möchte ich im Sport erreichen? Hauptziel: .... Weitere Ziele:		
9. Ist es schon absehbar, wann ich wieder an einem Wettkampf teilnehmen kann?	☐	☐
Wenn ja: Wann könnte das sein (Datum) und was für ein Wettkampf ist das (Kreismeisterschaft, Deutsche Meisterschaft)?		
10. Habe ich ein erstes kurzfristiges Ziel in der Rehabilitation?	☐	☐
Wenn ja: Welches?		
Wenn nein: Welches könnte es sein?		

	Ja	Nein
Habe ich Zwischenziele bis zur Rückkehr in den sportlichen Trainingsalltag?	☐	☐

Wenn ja: Welche?

. . . .
. . . .
. . . .

Wenn nein: Welche könnten es sein?

. . . .
. . . .

11. Gibt es Personen, mit denen ich mich gelegentlich austauschen kann, wenn ich das möchte? ☐ Ja ☐ Nein

Wenn ja: Mit wem?

. . . .
. . . .

Wenn nein: Zu wem könnte ein Kontakt (wieder-)hergestellt werden?

. . . .
. . . .

Gibt es Personen, die für mich gegebenenfalls dringende Erledigungen übernehmen könnten? ☐ Ja ☐ Nein

Wenn ja: Wer?

. . . .
. . . .

Wenn nein: Wen könnte ich im Zweifelsfall fragen?

. . . .
. . . .

12. Kann ich jederzeit entspannen, wenn ich das möchte? ☐ Ja ☐ Nein

Wenn ja: Wie erreiche ich den Entspannungszustand normalerweise?

. . . .
. . . .

(Wenn nein: In das Kapitel »Aktivationsregulation«, S. 63 ff., schauen)

13. Habe ich Möglichkeiten, aktuell irgend etwas für meine Leistungserhaltung (ohne körperliche Überforderung) zu tun? ☐ Ja ☐ Nein

Wenn ja: Was genau?

. . . .
. . . .
. . . .

Wenn nein: Psychologisches Aufbautraining beginnen!

▷

	Ja	Nein
14. Habe ich praktikable Ideen, wie meine derzeitige Situation erträglicher gestaltet werden könnte?	☐	☐
Wenn ja: Welche?		
....		
Wenn nein: Mit wem könnte ich Ideen entwickeln?		
....		
15. Welche positiven Seiten könnte meine derzeitige Situation haben?		
....		
....		

Zu Beginn einer Rehabilitationsphase – z. B. wenige Tage nach der Operation (Übergang Akutphase – Rehabilitationsvorbereitungsphase) – hilft die Beantwortung der Fragen zur Bestimmung der derzeitigen Situation eines verletzten Sportlers.
Der Fragenkatalog mit den Antworten ist eigentlich nur zum persönlichen Gebrauch der Athleten gedacht. Auf dieser Basis können dann vorhandene psychische und soziale Probleme erkannt, definiert und erste Ansatzpunkte zur eigeninitiierten Veränderung abgeleitet werden. Darüber hinaus bietet es sich an, auf dieser Grundlage spezielle Problemstellungen im privaten Kontakt oder auch mit professionellen Kräften (z. B. Mediziner, Psychologen) anzusprechen.

Schlagworte zur Eigendiagnostik

- Eigendiagnostik ist ein wichtiges Vorgehen für verletzte Sportler zur Bestimmung ihrer aktuellen Situation.
- Standardisierte Verfahren zur Eigendiagnostik verletzter Athleten liegen bislang nicht vor.
- Mit der Beantwortung eines praxisbewährten Katalogs mit 15 Fragenkomplexen können sich verletzte Sportler zu Beginn der Rehabilitation ein Bild und eine erste Struktur von der subjektiven, aktuellen Situation verschaffen.
- Anhand des Fragebogens können vom Sportler selbst erste Ansatzpunkte zur Veränderung einer subjektiv negativen Situation abgeleitet werden.
- Auf der Grundlage des Fragebogens kann dann auch – ausgehend von den Rehabilitanden selbst – private und fachliche Unterstützung im Sinne der Genesung hinzugezogen werden.

Zieldefinition

Wer den Hafen nicht kennt, in den er segeln will, für den ist kein Wind ein günstiger.
Seneca (4 v. Chr. – 65 n. Chr.)

Realistische Zielsetzungen gelten als grundlegende Voraussetzung für situations- und anforderungsgerechtes Handeln (EBERSPÄCHER, 1990).
Für die aktuelle Motivation und die engagierte Mitarbeit sportlicher Rehabilitanden ist die Definition erreichbarer (Zwischen-)Ziele ausgesprochen wichtig. Sie machen Genesungsfortschritte erkennbar, untergliedern den langwierigen Gesamtrehabilitationsprozeß und gestalten ihn dadurch überschaubar und zielgerichtet. Der Problematik vieler Athleten, durch das Langzeitziel »völlige Genesung und hundertprozentige Leistungsfähigkeit« Rehabilitationsfortschritte nicht als solche zu erkennen, muß entgegengewirkt werden. Anderenfalls schätzen sie den Genesungsprozeß falsch ein und ziehen daraus negative Schlüsse. Dieses Verhalten wiederum begünstigt das Auftreten rehabilitationshemmender Emotionen und Verhaltensweisen, so daß die negative Einschätzung des aktuellen Zustands, des Genesungsfortschritts und der weiteren Entwicklung letzten Endes zur *selbsterfüllenden Prophezeihung* werden. HOLZAPFEL und TEIPEL (1987) unterstreichen den hilfreichen Charakter realistischer Zielstellungen am Beispiel der Erstautorin, die als Hochspringerin im Verlauf ihrer Leistungssportkarriere mehrfach verletzt wurde und innerhalb von sechs Jahren insgesamt beinahe zwei Jahre lang kein hochsprungspezifisches Training durchführen konnte.
Zur Zieldefinition müssen möglichst viele Faktoren, die für die Erreichung des Ziels eine Rolle spielen, in Betracht gezogen und abgewogen werden. Eine grobe Einteilung kann zunächst in personinterne und -externe Faktoren erfolgen.

Personinterne Faktoren

Personinterne Faktoren sind für Rehabilitanden beispielsweise die aktuelle psycho-physische Gesamtbefindlichkeit, das Genesungsstadium, aktuelle und potentielle Fähigkeiten und Fertigkeiten, Persönlichkeitsfaktoren und vieles mehr.

Personexterne Faktoren

Personexterne Bedingungen beziehen sich auf Dinge, die die betreffende Person nicht zu verantworten hat, wie z. B. Rehabilitationsmöglichkeiten in Abhängigkeit vom Genesungsfortschritt und von der Verletzungsart, Engagement der Mediziner und Physiotherapeuten.
Diese Einteilung macht bereits deutlich: Erstens setzen Zieldefinitionen eine *realistische Selbsteinschätzung* voraus, und zweitens bergen sie große Gefahren, wenn sie ohne Rücksprache mit anderen, kompetenten Personen getroffen werden. Ein Beispiel dafür sind irreale Vorstellungen, die bei Nicht-Erreichen eine negative psychische Befindlichkeit auslösen oder fördern können – ganz zu schweigen von der psycho-physischen Überforderung durch falsche Zielstellungen. Die Initiative für die Zielsetzung und das Ansprechen kompetenter und beteiligter Personen sollte vom Rehabilitanden selbst ausgehen. Insbesondere Mediziner werden jedoch nur äußerst vorsichtig Prognosen über den Rehabilitationsverlauf abgeben wollen und auch können. Das muß akzeptiert werden und entsprechend bei der Zielformulierung Beachtung finden. Es empfiehlt sich, um Enttäuschungen und ihren psychischen Folgen vorzubeugen, nicht immer vom

günstigsten Fall auszugehen. Durch die Kenntnis möglichst vieler interner und externer Faktoren gelingt es, seinen momentanen Standort zu definieren. Daraus kann eine Strategie entwickelt werden, um Schritt für Schritt den gesetzten (realistischen) Zwischenzielen und damit auch dem (realistischen) Langzeitziel näherzukommen. Die Zwischenziele sollten in ihrer Verbindlichkeit das gleiche Niveau haben wie das Langzeitziel und einem ständigen Analyseprozeß unterzogen werden. Dadurch können Ursachen für das Erreichen, Übertreffen oder Nicht-Erreichen herausgefunden und die weiteren Zwischenziele gegebenenfalls verändert werden.

Zwischenziele Langzeitziele

Sportliche Rehabilitanden, die sich nach einer Verletzung beispielsweise das Langzeitziel »vollständige Genesung und Teilnahme an den nächsten Deutschen Meisterschaften« gesetzt haben, müssen sich demzufolge möglichst bald kleine Ziele setzen. Unter Berücksichtigung der Einschätzung des medizinisch betreuenden Umfelds (Ärzte, Krankengymnasten/Physiotherapeuten, Betreuer im Aufbautraining) und der Trainer werden vorsichtige Prognosen vorgenommen. Letztere werden dann immer wieder als kurz- und mittelfristige Ziele der Rehabilitation (bezüglich des Genesungsfortschritts) beziehungsweise für das Aufbautraining (Genesungsfortschritt und/oder Trainingsziele) fixiert. Es ist auch möglich und sinnvoll, Ziele zu setzen, die nicht unmittelbar mit der Genesung zu tun haben – auch sie können trotzdem der Gesamtbefindlichkeit dienen. So trainieren manche Athleten im Aufbautraining auch nicht-belastete Strukturen und setzen sich hierfür Ziele (z. B. Entwicklung der Wiederholungszahl an der Kraftmaschine über die Woche).

Kurzzeitziele

Zielsetzung in der Rehabilitation ist ein permanenter Prozeß, da sich vor allem kurz- und mittelfristige Ziele situationsbedingt ändern können. Kurzzeitziele sind nur situativ-kurzfristig definierbar. Das Erreichen oder Nicht-Erreichen der Kurzzeitziele kann dann zu einer Veränderung oder Präzisierung der Zwischenziele führen. Das Langzeitziel (z. B. vollständige Genesung) hingegen wird bei überschaubarer Rehabilitation in der Regel nicht verändert. Abbildung 11 veranschaulicht diesen Zusammenhang zwischen Ist-Zustand und den verschiedenen Zielfristigkeiten.

Quantitative Ziele Qualitative Ziele

Ziele im Genesungsfortschritt können sowohl quantitativ als auch qualitativ gesetzt werden. Quantitative Ziele sind beispielsweise der zu einem bestimmten Zeitpunkt erreichte Kniebeugewinkel oder die Dauer, ohne Schmerzen eine bestimmte Handlung aufrechtzuerhalten. Qualitativ sind jene Ziele, die nicht gemessen werden können, also beispielsweise verbale Medizinereinschätzungen (»Sie kommen gut voran«) oder auch die eigene Befindlichkeit.

Entsprechend der Verwendung eines Trainingstagebuchs sollten diese Ziele aufgeschrieben werden. Das Erreichen, Nicht-Erreichen oder gar Übertreffen wird ebenso notiert wie die möglichen Ursachen und Bedingungen dafür.

Kurz- und mittelfristige Zieldefinitionen können zu allen möglichen Zeitpunkten im Rehabilitationsprozeß vorgenommen werden. Aus Tabelle 1 gehen exemplarisch authentische kurzfristige Zielstellungen von Sportlern in den einzelnen Rehabilitationsphasen hervor.

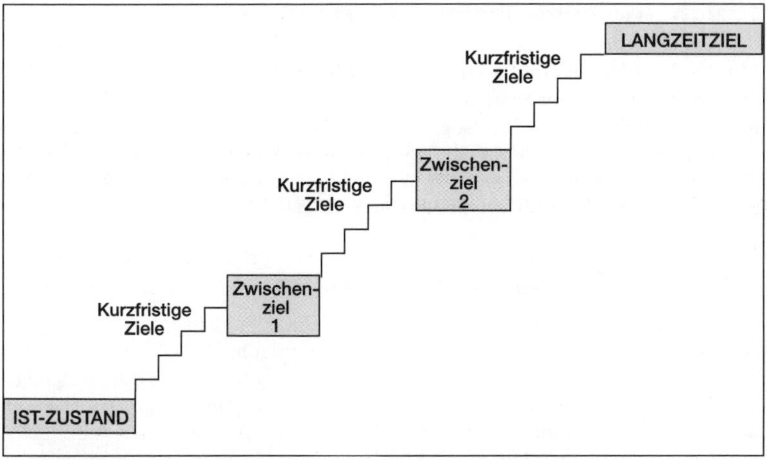

Abbildung 11 Zielsetzungen in der Rehabilitation

Rehabilitationsphase	Beispiel für Zielsetzung
Akutphase	Operation überstehen
Phase der Rehabilitationsvorbereitung und -findung	Bis übermorgen wieder aufstehen
Phase der sportlichen Rehabilitation	½ Stunde auf dem Fahrradergometer (Belastung: 250 Watt)
	10 min 10 km/h auf dem Laufband durchhalten
	20 min 14 km/h auf dem Laufband durchhalten
Phase der Vorbereitung auf den Wettkampfalltag	Morgen 10 Weitsprünge hintereinander, alle über … Meter
	1 Diskuswurf um … Uhr über … Meter

Tabelle 1 Authentische Beispiele für kurzfristige Ziele in den einzelnen Rehabilitationsphasen

Schlagworte zur Zieldefinition

- Zieldefinitionen dienen der Motivation der Rehabilitanden und gestalten den Rehabilitationsprozeß überschaubar.
- Kurz-, mittel- und langfristige Ziele sollten definiert werden. Insbesondere bei mittel- und langfristigen Genesungszielen ist die Rücksprache mit kompetenten Personen – insbesondere mit den behandelnden Medizinern – dringend angeraten. Die Initiative muß aber von den Rehabilitanden selbst ausgehen.
- Ziele sollten verbindlich sein, aber nicht als unumstößliche Wegmarkierungen zu bestimmten Zeitpunkten angesehen werden. Insbesondere kurz- und mittelfristige Ziele unterliegen situativ bedingten Änderungen.
- Ein schriftliches Fixieren der Zielstellungen – ähnlich dem Trainingstagebuch – erhöht die Verbindlichkeit und läßt Fortschritte erkennbar werden.

Psychologische Trainingsformen

Mit psychologischen Trainingsformen können jene Fertigkeiten trainiert werden, die aus psychologischer Sicht entscheidend zur Rehabilitation verletzter Sportler beitragen. Die wichtigsten Fertigkeiten sind die Selbstgesprächsregulation, die Vorstellungsregulation (Mentales Training), die Aktivationsregulation sowie die Kompetenzerwartung. Sie werden in den folgenden Unterkapiteln besprochen und als Trainingsform für die Praxis dargestellt.

Training der Selbstgesprächsregulation

Selbstgespräche bestimmen unser alltägliches Handeln maßgeblich: Jeder kennt Situationen, in denen er sich begleitender, vorauslaufender oder auch nachfolgender Gedanken bewußt ist. Man formuliert Pläne, gibt sich selbst Anweisungen oder kommentiert das aktuelle Geschehen. Das muß nicht immer vorteilhaft sein, wie der Kommunikationsforscher Paul Watzlawick anhand seiner »Geschichte mit dem Hammer« anschaulich skizziert (1988, S. 37 f.):

Ein Mann will ein Bild aufhängen. Den Nagel hat er, nicht aber den Hammer. Der Nachbar hat einen. Also beschließt unser Mann, hinüberzugehen und ihn auszuborgen. Doch da kommt ihm ein Zweifel: Was, wenn der Nachbar mir den Hammer nicht leihen will? Gestern schon grüßte er mich nur so flüchtig. Vielleicht war er in Eile. Aber vielleicht war die Eile auch nur vorgeschützt, und er hat etwas gegen mich. Und was? Ich habe ihm nichts angetan; der bildet sich da etwas ein. Wenn jemand von mir ein Werkzeug borgen wollte, ich gäbe es ihm sofort. Und warum er nicht? Wie kann man einem Mitmenschen einen so einfachen Gefallen abschlagen? Leute wie dieser Kerl vergiften einem das Leben. Und dann bildet er sich noch ein, ich sei auf ihn angewiesen. Bloß weil er einen Hammer hat. Jetzt reicht's mir wirklich. – Und so stürmt er hinüber, läutet, der Nachbar öffnet, doch bevor er »Guten Tag« sagen kann, schreit ihn unser Mann an: »Behalten Sie Ihren Hammer, Sie Rüpel!«

Informationen systematisch verarbeiten

Innerhalb der Rehabilitation ist ebenso wie in allen Lebensbereichen die Grundlage für angemessenes Handeln die systematische Verarbeitung von Informationen. Informationen müssen adäquat ausgewählt und zugeordnet werden, damit die richtige Handlungsstrategie eingesetzt werden kann. Dies geschieht durch Gedanken, die in Form von Selbstgesprächen zum Ausdruck kommen. Sie werden nicht immer bewußt wahrgenommen, und im negativen Fall sind sie nur wenig handlungsunterstützend (»Das hat doch alles keinen Sinn!«). Prinzipiell können Selbstgespräche mehrere Funktionen haben (Abbildung 12): Im sportlichen Alltag wie auch während der Rehabilitation dienen sie der Selbstmotivierung (»Das schaffst du!«) und der Rationalisierung (»Halb so schlimm, beim letzten Mal hast du auch wieder zu deiner Form zurückgefunden!«).

Verändern der Aufmerksamkeit

Hilfreich können Selbstgespräche dadurch wirken, daß sie die Aufmerksamkeit verändern. Ob in der Akutphase oder im Aufbautraining – wenn die Gedanken

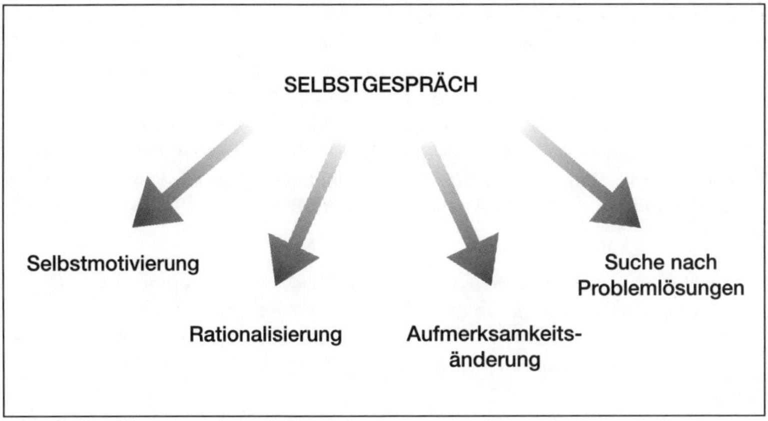

Abbildung 12
Funktionen des Selbstgesprächs

nicht permanent um die Verletzung kreisen, ist Platz für andere Inhalte, die ablenken oder genesungsförderlich sind. Im Aufbautraining beispielsweise können Übungen auf dem Fahrradergometer zur Qual werden, wenn man sich mit jedem Tritt sagt: »Jetzt tut es bestimmt gleich wieder weh!« Besser ist es, sich mittels Selbstgespräch auf den runden Tritt zu konzentrieren oder handlungsleitend mit sich zu kommunizieren (»rechts – links«).

Das Selbstgespräch kann auch dazu dienen, verbleibende Möglichkeiten und Lösungswege durchzuspielen, um sich anschließend für eine angemessene Vorgehensweise und Zielsetzung zu entscheiden. Dies schließt auch ein, daß man sich in Situationen, für die sich keine passenden Handlungsmöglichkeiten eröffnen (z. B. wenn der Leistungssport aufgrund einer Verletzung oder Gefährdung aufgegeben werden muß), zum angemessenen Zeitpunkt nach Alternativen umsieht und sich für sie entscheidet.

Negatives Selbstgespräch

Die Intensität der Selbstgespräche hängt von der erlebten Beanspruchung ab: Mit zunehmender Beanspruchung wird auch das Selbstgespräch intensiviert. Ob man eine Therapie durchhält oder nicht, ob man im Aufbautraining die sportliche Tätigkeit unterbricht oder aufrechterhält – das Selbstgespräch entscheidet diesen *inneren Kampf*. Bevor man beispielsweise bei einer Laufübung aufgibt, kippt zunächst das Selbstgespräch im Sinne einer negativen Wendung (»Ich kann und will nicht mehr!«), und anschließend erst werden die Handlungskonsequenzen gezogen. Diese Reihenfolge ist in Leistungssituationen niemals umgekehrt. Daher kann das Ansprechen oder Anfeuern von extrem beanspruchten Athleten in Training und Wettkampf dazu beitragen, daß sie nochmals neue Kräfte schöpfen, da das Selbstgespräch den Sportler stabilisiert und die aufgetretenen negativen Gedanken weniger beachtet werden. Ob unmittelbar nach der Operation oder schon kurz vor dem Wiedereintritt in das Wettkampfgeschehen: Eine Person, der es schließlich gelingt, das Selbstgespräch erfolgszuversichtlich und leistungsbereit aufrechtzuhalten, verfügt über die grundlegende Fertigkeit, psycho-physische Beanspruchungssituationen zu bewältigen (Eberspächer, 1993).

Über die enge Verflechtung von Selbstgespräch und Handeln berichtet LINDEMANN (1975), der mehrmals den Atlantik überquert hat – u. a. in einem Serienfaltboot und einem Einbaum. Seine Studien führten ihn zu der Einsicht, daß das eigene Handeln durch vorausgehende Selbstgespräche bestimmt wird. Diese Erkenntnis nahm er zum Anlaß, sich entsprechend auf seine Unternehmungen vorzubereiten. LINDEMANN beschreibt, wie er sich im Vorfeld seiner zweiten Atlantiküberquerung Sätze einprägte, die ihm im Zweifelsfall auch als völlig Ermüdeten noch unterbewußt die Richtung vorgeben sollten, wie z. B. »Halte Kurs West«.

> *»Es durfte nicht erst eine riesige See übers Deck waschen, um mich aus dem Schlafmangeldelirium zu reißen. – Und noch ein anderer Satz mußte in mein Unterbewußtsein eingebaut werden: ›Nicht aufgeben!‹. Er sollte gegen die Sirenenrufe der vollkommenen Ermüdung schützen, gegen die vielen zu erwartenden Halluzinationen feien. Die Lockrufe aus dem bequemeren Jenseits sollten an dem so vorbereiteten Unterbewußtsein abprallen. Das ›Nichtaufgeben‹ bildete ein ›seelisches Korsett‹ in den dunkelsten Stunden der Fahrt, als ich am 57. Tag kenterte und neun Stunden im Sturm auf dem Boot liegen mußte, bevor ich es im Morgengrauen wieder aufrichten konnte. Neun Stunden an einen winzigen, glitschigen Gummischuh geklammert, bei sechs bis neun Meter Wellenhöhe mit erbarmungslosen Brechern und heulendem Wind, das erforderte mehr als normalen Lebenswillen.« (S. 14)*

Selbstgespräche müssen geübt werden

Wenn genesungs- oder handlungsförderliche Selbstgespräche nicht automatisch geführt werden, muß man sie trainieren. Dies bedeutet, daß sie von Beginn des Rehabilitationsprozesses an geübt werden müssen. Dabei kann man nicht erwarten, mittels Selbstgespräch unrealistische Heilungserfolge oder Leistungen herbeizuzaubern. Das Selbstgespräch bietet jedoch eine wichtige Unterstützung zur Aufrechterhaltung der Motivation und einer positiven Befindlichkeit, zur (Zwischen-)Zielsetzung sowie zur Entfaltung realistischer Möglichkeiten und Chancen im Rehabilitationsprozeß.

Neben vielfältigen Hinweisen auf die rehabilitationsförderliche Wirkung eines adäquaten Selbstgesprächs (vgl. z. B. IEVLEVA und ORLICK, 1993) liegen auch für sportliche Handlungen Untersuchungsergebnisse vor. So verglichen z. B. WEINBERG, SMITH, JACKSON und GOULD (1984) verschiedene Formen des Selbstgesprächs bei Ausdaueraufgaben miteinander. Die besten Leistungen erzielten die Teilnehmer, deren Aufgabe darin bestand, ein ablenkendes oder ein positives Selbstgespräch während der Ausübung zu führen. Ergänzend dazu sind Ergebnisse von WEINBERG (1985) von Interesse, der geschlechtsspezifische Unterschiede bei Selbstgesprächen feststellen konnte. In seinen Untersuchungen benutzten Frauen im Vergleich zu Männern signifikant häufiger negative Selbstgespräche vor und während einer sportlichen Leistungssituation.

Praxis der Selbstgesprächsregulation

Bei den nun folgenden Hinweisen wird bewußt darauf verzichtet, wörtliche Vorgaben eines leistungs- beziehungsweise rehabilitationsförderlichen Selbstgesprächs zu geben. Innere Monologe werden für den einzelnen erst dann glaubwürdig und einsatzfähig, wenn eigene Worte und sprachliche Eigenheiten dem Handeln vorausgehen oder es begleiten. Auch soll es aus sportpsychologischer Sicht nicht darum gehen, Athleten in ein psychologisches Korsett zu zwängen. Vielmehr sollen ihnen Möglichkeiten aufgezeigt werden, wie sie Selbstgespräche individuell im gesamten Rehabilitationsprozeß umsetzen können.
In der Praxis hat sich das folgende vierstufige Vorgehen bewährt, das in Abbildung 13 überblickartig dargestellt ist. Da sich Art und Inhalt der Selbstgespräche im Verlauf der Rehabilitation verändern und neue hinzukommen, ist die Selbstgesprächsregulation als Kreislauf zu betrachten, der mit der Selbstbeobachtung aktueller innerer Monologe beginnt.

Individuelle Selbstgespräche

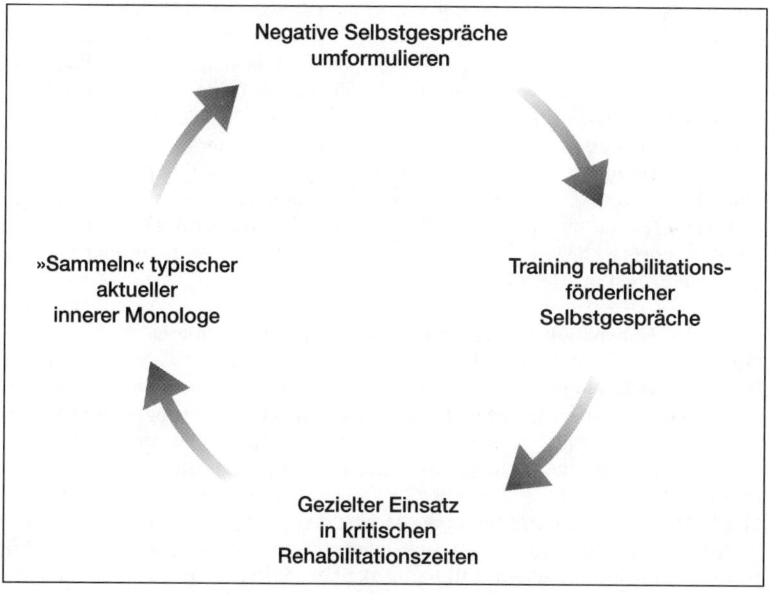

Abbildung 13
Selbstgesprächsregulation in der Rehabilitation

1. Schritt: Typische aktuelle innere Monologe sammeln
Wichtig ist, daß dem Rehabilitanden bewußt wird, welche Selbstgespräche auftreten und wie sie den aktuellen Gefühlszustand beeinflussen. Es sollen dabei alle typischen Selbstverbalisationen schriftlich aufgenommen werden – sowohl solche, die die Wirklichkeit widerspiegeln, als auch unrealistische, verzerrende Einschätzungen. Insbesondere letztere, die auf Mutmaßungen und negativen

Erwartungen basieren, ohne durch Fakten gestützt zu sein, müssen in ihrer Wirkung erkannt werden. Möglicherweise wird dem Betroffenen schon zu diesem Zeitpunkt deutlich, daß es immer wieder ähnliche Gedanken sind, die seine Befindlichkeit positiv oder negativ beeinflussen.
Alle Selbstgespräche, die nach eigener Einschätzung eine aktuelle negative Befindlichkeit auslösen oder aufrechterhalten, werden schließlich in den Aufzeichnungen als negativ markiert.

2. Schritt: Negative Selbstgespräche umformulieren
Negative Selbstgespräche werden im zweiten Schritt umformuliert, so daß sie einen neutralen oder positiven Charakter erhalten. Die Aussage »Das Bein wird nie wieder voll belastbar sein!« könnte – falls medizinisch vertretbar – verändert werden zu »Ich werde in den nächsten Wochen mein Bein langsam stärker belasten«. Aus »Meinen Mannschaftsplatz hat jetzt ein anderer inne, das dauert ewig, bis ich den Anschluß wiederfinde!« kann der Satz werden: »Wenn ich wieder mit der Mannschaft trainiere, werde ich um meinen Platz kämpfen!«
Ziel ist dabei vor allem eine *Ent-Katastrophisierung* besonders bedrückender Gedanken.
Praktisch kann dies durch eine *Zwei-Spalten-Technik* umgesetzt werden: Man faltet ein Blatt Papier in der Mitte und schreibt auf die rechte Spalte die einzelnen positiven Selbstgespräche untereinander. Anschließend werden ab der Stelle, wo die positiven Aussagen enden, die negativen Selbstgespräche auf der linken Spalte einzeln untereinander aufgelistet. Auf den freien Teil der rechten Spalte schreibt man dann die neutrale oder positive Version. Dabei ist darauf zu achten, daß Aussagen auf der rechten Spalte möglichst konkret sind. Formulierungen, die zwar positiv klingen, aber eigentlich nicht akzeptiert werden oder unrealistisch sind (»Ich bin der Größte!«), helfen nicht weiter.

3. Schritt: Rehabilitationsförderliche Selbstgespräche trainieren
Genesungs- und später auch leistungsförderliche Selbstgespräche sollen in der Folgezeit die bestimmenden Gedanken werden. Um sie zu trainieren, benutzt man nun lediglich die rechte Spalte des im zweiten Schritt angelegten Blattes (am besten die linke Spalte abtrennen) und verinnerlicht die Aussagen. Eventuell kommen im Laufe der Rehabilitation neue Gedanken hinzu, andere verlieren ihre Relevanz.
Der Rehabilitationsprozeß bietet die Möglichkeit, sowohl die neuen (umformulierten) als auch die stützenden Selbstgespräche täglich zu üben und auf ihre Effektivität (Veränderung der Befindlichkeit) zu überprüfen. Eventuell müssen einige Formulierungen wieder verändert werden, bis sie letztendlich die für die Rehabilitation unterstützende, zielgerichtete und zu positiver Befindlichkeit führende Selbstinstruktionen darstellen.
Ziel dieses dritten Schrittes ist es, im gesamten Rehabilitationsprozeß *Selbstbewußtsein,* ein Gefühl der *Situationskontrolle* und der *Handlungsfähigkeit* aufzubauen oder aufrechtzuerhalten. So kann es hilfreich sein, über die nächsten kurzfristigen Ziele zu sprechen oder das Vertrauen zum Arzt, zu den medizinischen Maßnahmen oder zur Art und Weise des Aufbautrainings zu verbalisieren.

Vor dem ersten Wettkampf nach der Rehabilitation ist es wichtig, mit sich selbst über die eigenen Stärken zu sprechen, ohne sich durch überzogene Erwartungen unter Druck zu setzen. Durch häufiges Training der Selbstgespräche werden sie automatisiert.
Selbstbeschimpfungen sollten generell vermieden werden. Sie sind nur bei wenigen Personen hilfreich, um über diesen Umweg eventuell ein zu niedriges Aktivationsniveau zu erhöhen.

4. Schritt: Gezielter Einsatz in kritischen Rehabilitationszeiten
Besonders in schwierigen Zeiten (z. B. bei Rückschlägen) ist es kaum zu vermeiden, daß sich trotz eines hohen Automatisierungsgrades positiver Selbstgespräche auch Monologe mit negativem Inhalt einschleichen. Werden sie dominant, müssen sie durch gezieltes Vorgehen verändert werden, da der eingeleitete Automatisierungsprozeß positiver Gedanken dann nicht mehr ausreicht. Nochmaliges Vor-Augen-Führen des Wirkungszusammenhangs zwischen Selbstgespräch und Befindlichkeit, Umformulierung der neu aufgetauchten Gedanken sowie intensives Training der positiven Formulierungen sind dann vonnöten.

Schlagworte zur Selbstgesprächsregulation

- Typische Selbstgespräche notieren.
- Zusammenhänge zwischen Selbstgespräch und Befindlichkeit beziehungsweise Leistungsfähigkeit erkennen.
- »Zwei-Spalten-Technik« einsetzen: linke Spalte negative Aussagen, rechte Spalte positive Formulierungen.
- Positive Formulierungen durch häufiges Lesen automatisieren (insbesondere anfänglich).
- Bei körperlichen oder motivationalen Rückschlägen die damit verbundenen negativen Selbstgespräche besonders berücksichtigen und nochmals gezielt umformulieren.

Mentales Training

> *Was den Menschen bewegt, sind nicht die Dinge selbst, sondern die Ansichten, die er von ihnen hat.*
> Epiktet (50–138 n. Chr.)

Vorstellungen beeinflussen bewußt oder unbewußt unser alltägliches Handeln und treten in verschiedenen Modalitäten auf: bildhaft, sprachlich, akustisch oder kinästhetisch[4]. Sie ermöglichen im positiven Fall einen schnellen Zugriff auf unsere Gedanken und unser Wissen und erleichtern damit das Handeln. Im negativen Fall wirken sie störend.

Die Wirkung von Vorstellungen

Handlungen und Situationen können mit den dazugehörigen Wahrnehmungen (z. B. Geräusche, Farben, Empfindungen) lebhaft vergegenwärtigt werden. So beschreiben Spitzenathleten, daß sie sich gezielt und intensiv an besonders

[4] Auf die Bewegungsempfindung bezogen

erfolgreiche Wettkämpfe erinnern, um motivierter das Training und andere Wettkämpfe anzugehen. Andererseits können diese Wahrnehmungen so eng mit Handlungen und Situationen verknüpft sein, daß sie bestimmte Vorstellungen auslösen. Dieser Effekt äußert sich beispielsweise, wenn Sportler einem Gegner gegenüberstehen, mit dem sie besonders positive oder negative Erlebnisse hatten. Automatisch fallen ihnen die seinerzeitigen Empfindungen wieder ein (oder sie wirken unbewußt) und nehmen maßgeblich Einfluß auf die aktuellen Handlungen. Über diesen Prozeß läßt sich beispielsweise das *Angstgegner-Phänomen* erklären.

Seit langem nutzt man im Sport systematisch die Erkenntnisse über die handlungsinitiierende und -leitende Funktion innerer Bilder. Es gehört zum Repertoire der meisten Athleten, neben der körperlichen auch die mentale Seite gezielt zu trainieren, so daß Körper und Geist zur optimalen Bewegungsausführung synchronisiert werden (EBERSPÄCHER, 1990). Besonders auffällig ist das Vorgehen für Außenstehende bei der Beobachtung von Skifahrern, die kurz vor dem Start – auf ihre Stöcke gestützt – die Strecke immer wieder mental durchfahren.

Körper-Geist-Synchronisation

Beim Mentalen Training werden Vorstellungen regelmäßig, gezielt und kontrolliert eingesetzt, um Bewegungsabläufe zu erlernen, aufrechtzuerhalten und zu optimieren. Die Wirksamkeit des Mentalen Trainings wurde vielfältig beschrieben und ist wissenschaftlich hervorragend abgesichert (vgl. z. B. FELTZ und LANDERS, 1983; PÖHLMANN, 1985; ORLICK und PARTINGTON, 1988).

Begriffsvielfalt

Der Begriff »Mentales Training« wird allerdings nicht einheitlich verwendet, da es aus unterschiedlichen Blickwinkeln eingesetzt beziehungsweise untersucht wurde. Manche Autoren sprechen auch von *Ideomotorischem Training*, andere von *Innerem Training* und von *Training durch interne Realisation*. Desweiteren finden sich eine Menge Begriffe in der anglo-amerikanischen Literatur, die mißverständlich und unklar übersetzt werden, wie z. B. *Imagery* oder *Mental Practice*. Die zahlreichen Definitionen zum Mentalen Training weisen durchgängig auf die notwendige bewußte Vorstellung eines Bewegungsablaufs ohne dessen gleichzeitige Realisierung hin.

Definition

Angelehnt an VOLPERT (1977) kann man daher Mentales Training als Überbegriff für *planmäßig wiederholtes, bewußtes Sich-Vorstellen einer sportlichen Handlung ohne deren gleichzeitige praktische Ausführung* definieren.

Aus der Vielzahl der Möglichkeiten, mental zu trainieren, lassen sich mit Blick auf diese Definition drei Zugänge ableiten, die sich als besonders praktikabel herausgestellt haben (Abbildung 14).

Mental-sprachliches Training: In dieser Form wird die Vorstellung dadurch aufgebaut und verbessert, daß der entsprechende Bewegungsablauf per Selbstgespräch vergegenwärtigt wird.

Mentales Training aus der Beobachterperspektive: Beim Mentalen Training aus der Beobachterperspektive betrachtet man vor seinem geistigen Auge wie ein Außenstehender einen Film über den eigenen Bewegungsablauf. Dieses Training ist am ehesten mit dem Beobachten einer Videoaufzeichnung zu vergleichen – dabei besteht lediglich der Unterschied, daß das Video als innerer Film im Kopf abläuft.

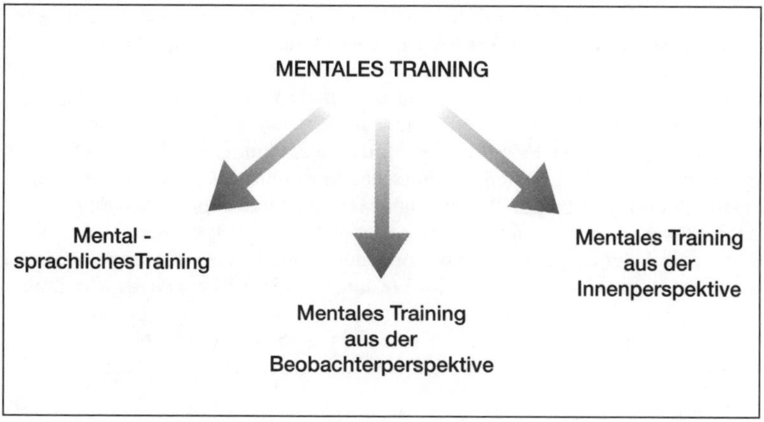

Abbildung 14
Formen des Mentalen Trainings

Mentales Training aus der Innenperspektive: In dieser Form des Mentalen Trainings ruft man sich die Innenperspektive einer Bewegung ins Bewußtsein. Ziel ist es, sich intensiv in die Bewegungsvorstellung hineinzuversetzen und die inneren Prozesse, die für eine möglichst optimale Ausführung der Bewegung notwendig sind, nachzuempfinden (z. B. der Kanteneinsatz beim Skifahren, das Anfassen des Gegners im Kampfsport, das Gefühl der Schwere der Kugel beim Kugelstoßen).

Die hier dargestellten Formen sind nicht als klar getrennte Trainingsformen zu sehen, vielmehr mischen sie sich in der praktischen Anwendung. Viele Athleten setzen zu Beginn des mentalen Trainierens verstärkt das mental-sprachliche Training ein. Auffallend ist, daß vor allem Sportler mit hohem Fertigkeitsniveau leicht in die Innenperspektive kommen, während andere primär das Mentale Training aus der Beobachterperspektive praktizieren. Ziel sollte jedoch für alle sein, möglichst häufig die Innenperspektive anzustreben. Hierbei kann der parallele Einsatz des Selbstgesprächs hilfreich sein.

Effekte des Mentalen Trainings

In der Rehabilitationszeit drängt sich der Einsatz des Mentalen Trainings geradezu auf. Seine Wirksamkeit kann unter anderem helfen, verletzungsbedingte Ängste bei der Ausführung der sportlichen Handlung abzubauen und somit das Aufbautraining und den sportlichen Wiedereinstieg zu erleichtern. In ihrem Überblicksartikel beschreiben SMITH, SCOTT und WIESE (1990) auch die positiven Effekte des Mentalen Trainings auf Depression, Ärger und Spannung bei den Rehabilitanden.

Mentales Training bietet darüber hinaus für alle Sportarten die Möglichkeit, einzelne Techniken, kurze Bewegungssequenzen (z. B. einen Tennisaufschlag oder einen Abschlag beim Golf) und komplexe Übungen (z. B. eine Kür) in der Rehabilitation zu stabilisieren und zu optimieren. Auch das Neulernen und Umlernen während dieser Zeit kann durch Mentales Training unterstützt werden.

Erklärungsansätze

Aus der psychologischen und sportwissenschaftlichen Forschung gehen zwei Haupterklärungsansätze für die Effizienz des Mentalen Trainings hervor. Einerseits wird es als Verfahren betrachtet, bei dem vor allem die Informationsverarbeitung für die Bewegungsausführung erleichtert wird. Auf der anderen Seite werden die positiven Resultate vor allem auf vorstellungsbegleitende, nachweisbare physiologische Effekte zurückgeführt, die ein unterschwelliges praktisches Training ermöglichen. Diese Begleiterscheinungen werden häufig als *Carpenter-Effekt* oder als *Ideomotorische Reaktion* bezeichnet und dienen weniger fundierten Publikationen als einziges Erklärungsmodell für das Mentale Training. Hierbei wird jedoch ignoriert, daß hinreichend viele Untersuchungen vorliegen, die zeigen, daß physiologische Effekte *allein* die Wirksamkeit des Mentalen Trainings nicht belegen können.
Anhand verschiedener Zielebenen (Abbildung 15) beschreibt NARCISS (1993) mehrere Wirkmechanismen des Mentalen Trainings.

Abbildung 15
Zielebenen und Wirkmechanismen des Mentalen Trainings.
NARCISS, 1993

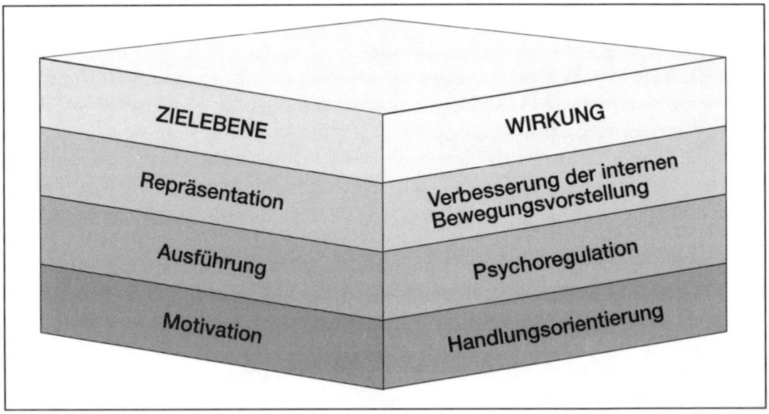

Repräsentationsebene: Die interne Bewegungsvorstellung – quasi das Handlungsprogramm für die Bewegungsausführung – verbessert sich durch gezieltes mentales Trainieren.
Ausführungsebene: Durch den Einsatz Mentalen Trainings können wichtige psychoregulative Funktionen bei der Ausführung der sportlichen Handlung beeinflußt werden. Die Aufmerksamkeit wird gelenkt und erhöht, die einhergehende Aktivationslage kann reguliert werden. Letzteres drückt sich in einer Veränderung des Anspannungs- beziehungsweise des Entspannungsgrades aus.
Motivationsebene: Da jeder willkürlichen Bewegungsausführung ein Motivationsprozeß vorausgeht, wird mit der korrekten Anwendung des Mentalen Trainings auch eine motivierende Handlungsorientierung ausgelöst.

Aufgrund der dargestellten Zusammenhänge, weiterer Forschungsergebnisse und praktischer Erfahrungen kann zusammenfassend geschlossen werden, daß Mentales Training innerhalb der Rehabilitation verschiedenen Zielen dient (Abbildung 16).

Abbildung 16
Ziele des Mentalen Trainings in der Rehabilitation verletzter Athleten

1. Ausführungssteuerung
Mentales Training kann dem *Erlernen, Umlernen, Stabilisieren* und *Optimieren* einzelner oder komplexer Bewegungsabläufe zu verschiedenen Zeitpunkten im Rehabilitationsprozeß dienlich sein. Es übernimmt damit eine Überbrückungsfunktion in trainingsfreien Zeiten und in Phasen, in denen das sportartspezifische Training noch nicht in vollem Umfang wieder aufgenommen werden kann. Insbesondere seine stabilisierende Wirkung bringt Langzeiteffekte für eine leichtere Wiederaufnahme des Sports mit sich. Zudem können Blockaden bei praktischen Übungen im Aufbautraining beseitigt werden.

2. Emotions- und Schmerzbewältigung
Bestehende *Ängste, Unsicherheiten* und *Spannungen* können über entspanntes geistiges Durchspielen einer korrekten Bewegungsausführung gemildert, eventuell beseitigt werden. Auch Schmerzen und die Angst vor Schmerzen lassen sich auf diese Weise verringern.

3. Motivationssteuerung
Bewährt hat sich das Mentale Training auch als *ergänzende Maßnahme*, wenn das praktische Training noch nicht wieder in vollem Umfang aufgenommen werden kann. Das Erleben, in einer verletzungsbedingten Pause aktiv etwas für die Aufrechterhaltung der Leistungsfähigkeit tun zu können und sich dabei mit der Sportart zu beschäftigen, wird von verletzten Athleten als besonders motivierend für den weiteren Rehabilitationsprozeß beschrieben.

Übergeordnetes Ziel

Neben den vielen Effekten, Funktionen und Einsatzmöglichkeiten ist das übergeordnete Ziel des Mentalen Trainings in der Rehabilitation, den betroffenen Sportlern *Motivation* und *Selbstbewußtsein* zu vermitteln. Rehabilitanden können sich damit in einen stabilen psychischen Zustand bringen, der ihnen die Überzeugung vermittelt, sportliche Handlungen wieder auf hohem Niveau auszuführen.

Vorstellung des Heilungsprozesses

Faßt man den Begriff »Mentales Training« weiter, dann gehört dazu auch die sogenannte Heilungsvorstellung. Simonton, Simonton und Creighton (1984) berichten in einer vielbeachteten Veröffentlichung von der Möglichkeit, durch gezielte positive Vorstellungen des körperlichen Heilungsprozesses und des Wohlbefindens, die physische Rehabilitation fördern zu können. Sie empfehlen Rehabilitanden – im Rahmen eines sehr komplexen Programms – beispielsweise, sich intensiv den Vorgang des Zusammenwachsens eines gebrochenen Knochens vorzustellen. Ievleva und Orlick (1993) greifen dies auf und dokumentieren spezielle Richtlinien für Heilungsvorstellungen verletzter Leistungssportler.

Aufgrund mangelnder wissenschaftlicher Überprüfbarkeit der Effizienz der Vorstellung körperlicher Heilungsprozesse soll hierauf nicht weiter eingegangen werden. Ob und in welcher Wirkungsweise sie auf den Genesungsprozeß Einfluß nehmen, ist nicht hinreichend abgesichert. Gleichwohl scheint das Vorgehen keinerlei negative Auswirkungen zu haben und wird von allen Patienten, die sich darauf einlassen, zumindest als »hilfreich und stützend« beschrieben.

Im folgenden werden mit Blick auf die verschiedenen Einsatzmöglichkeiten in der Rehabilitation und unter Berücksichtigung ihrer ablauftechnischen Unterschiede drei Optionen des Mentalen Trainings (Abbildung 17) für die praktische Umsetzung näher erläutert.

Abbildung 17 Mentales Training in der Rehabilitation verletzter Sportler

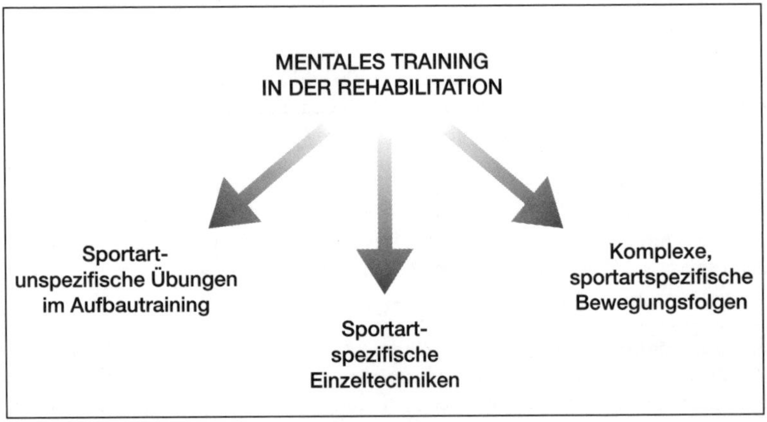

Praxis des Mentalen Trainings für sportartunspezifische Übungen im Aufbautraining

Vorbemerkung

Um mögliche Blockaden bei der Bewegungsausführung im Aufbautraining oder bei krankengymnastischen Übungen abzubauen, bietet das Mentale Training sowohl bei Übungen, die mit Einbeziehung von Maschinen durchgeführt werden, als auch bei solchen ohne apparative Unterstützung wertvolle Hilfe. Wird das Aufbautraining allein durchgeführt, sollte zunächst der behandelnde Mediziner oder Krankengymnast bezüglich möglicher Gefahren befragt werden. Insbesondere die auftretenden Schmerzen sind wichtige Warnsignale, die nicht mit Hilfe des Mentalen Trainings »überhört« werden sollen – es sei denn, von medizinischer Seite bestehen keine Einwände. Durch Vorsprechen des Ablaufs der blockierten (Teil-) Bewegung wird eine stabile Vorstellung erarbeitet. Es soll damit die Sicherheit vermittelt werden, daß man in der Lage ist, die Bewegung auch tatsächlich auszuführen.

Warnsignal »Schmerz«

Entspannungsatmen

Da Vorstellungen insbesondere durch hohe Anspannung blockiert werden, ist es sinnvoll, zunächst 1 bis 2 Minuten entspannt zu atmen. Dazu sollte im Sitzen oder Stehen so ein- und ausgeatmet werden, daß sich die Bauchdecke mit jedem Atemzug hebt und senkt (vgl. »Atementspannung«, S. 67 ff.). Beim Einatmen ist darauf zu achten, daß die Schultern nicht hochgezogen werden. Ein *Entspannungsbild* vor Augen erleichtert den Prozeß des Entspanntwerdens. So kann man sich beispielsweise in die Situation versetzen, allein auf einem Berg zu stehen und das Panorama zu betrachten, während man die Atemübung durchführt.

Relaxation

Vorstellungstraining

Wenn ein Entspannungsgefühl eingetreten ist, spricht man sich anschließend möglichst viele Inhalte des Bewegungsablaufs immer wieder laut vor. Gleichzeitig entwickelt man automatisch eine stabile Vorstellung der Ausführung. Sie läuft zunächst möglicherweise in Zeitlupe ab, weil mehr Inhalte angesprochen wurden, als in den Zeitrahmen der normalen Ausführungsgeschwindigkeit passen. Bei besonders stark ausgeprägten Blockaden sollte man diese Vorstellung über ein paar Tage erarbeiten, indem man mehrmals täglich die Vorstellung trainiert. Treten auch in Gedanken Ängste, Blockaden oder Schmerzen auf, wird immer wieder eine kurze Atementspannung durchgeführt.

Zeitlupe

Rhythmisierung

Ist eine stabile Bewegungsvorstellung aufgebaut, werden in einem abschließenden Schritt die wichtigsten Bewegungsteile mit Kurzworten benannt, die dann im Rhythmus der auszuführenden Bewegung gesprochen werden können. Sollte es also bislang nur möglich gewesen sein, die Übung in Zeitlupe zu durchdenken, wird spätestens zu diesem Zeitpunkt Abhilfe geschaffen. Die Kurzworte können individuell gewählt werden, sollten aber für den Ausführenden selbst eine klare Instruktion beinhalten (»Vor!«, »Tief!« o. ä.).

Klare Instruktionen

Kurzworte bei der Übung ›Auf die Zehenspitzen stellen‹ (z. B. nach einem Achillessehnenabriß) könnten sein: »Stand« (Fuß steht normal auf dem Boden) – »Vor« (Belastung auf die Ballen) – »Hoch« (Auf die Zehenspitzen stellen) – »Stand« (Absenken und wieder den normalen Stand einnehmen).

Transfer
Mit Hilfe der im Bewegungsrhythmus gesprochenen Kurzworte wird dann zunächst mental trainiert, um anschließend die praktische Umsetzung einzuleiten. Auch während der praktischen Ausführung können die Kurzworte laut oder leise vorgesprochen werden. Mit Nachlassen der Blockaden kann dann darauf verzichtet werden. Sollten dennoch Blockaden auftreten, muß der Bewegungsvorstellung immer wieder eine Entspannung vorausgehen.

Abbildung 18 illustriert das Vorgehen beim Mentalen Training für sportartunspezifische Übungen. In günstigen Fällen werden das gesamte Mentale Training und die Umsetzung in die Praxis erfolgreich innerhalb einer Übungs- oder Trainingseinheit durchgeführt. Bei stärkeren Blockaden kann sich der Vorgang über mehrere Tage hinziehen, wobei dann am besten mehrmals täglich einige Minuten unter besonderer Beachtung des Entspannungsteils mental trainiert werden sollte.

Abbildung 18
Mentales Training sportartunspezifischer Übungen im Überblick

ABLAUFSCHRITT	VORGEHEN
1	Entspannungsatmen
2	Vorstellungstraining mit Selbstinstruktionen
3	Rhythmisierung wichtiger Bewegungsteile
4	Transfer mental-praktisch

- Risiko mit medizinischer Fachkraft abklären.
- Atementspannung üben.
- Bewegungsablauf möglichst detailliert aussprechen.
- Bewegungsablauf mental üben/stabilisieren.
- Kurzworte wählen.
- Kurzworte im Rhythmus der Bewegung aussprechen.
- Bewegung praktisch ausführen und mit Kurzworten im Bewegungsrhythmus begleiten.
- Bei auftretenden Blockaden Phasen der Entspannung einlegen.

Schlagworte zum Mentalen Training für sportartunspezifische Übungen

Praxis des Mentalen Trainings für Einzeltechniken

EBERSPÄCHER (1990) beschreibt das Mentale Training als vierstufigen Prozeß zur Entwicklung von Bewegungsvorstellungen, damit Sportler ihre realistischen Leistungsmöglichkeiten in Training und Wettkampf besser umsetzen können. Dieses vierstufige Vorgehen bietet sich in der Rehabilitationszeit besonders an, wenn Sportler einzelne Techniken oder kürzere Bewegungsabläufe, die sie bereits beherrschen, stabilisieren wollen und wenn sie motorischen Rückschlägen bei der Wiederaufnahme des Trainings und des Wettkampfs vorbeugen wollen.
Wurde das sportartspezifische Training bereits wieder begonnen, können Bewegungen neu erlernt, umgelernt oder optimiert werden, indem man sie im Wechsel mit mentalen Übungen praktisch trainiert. Ein Praxisbeispiel verdeutlicht diese Trainingsform:

Ein Judoka in der Endphase der Rehabilitation absolviert einen Übungskampf (Randori) und legt anschließend eine fünfminütige Praxispause ein. In der Pause betrachtet er einige Bewegungsabläufe in entspanntem Zustand gedanklich nach, stabilisiert und optimiert sie mental. Nach einiger Zeit der Entspannung ohne mentale Aufgaben geht er die Techniken als »mentales Aufwärmen« nochmals durch und stellt sich wieder dem Kampf.

Kombinierter Einsatz von mentalem und praktischem Training

Ein ähnliches Vorgehen bietet sich in praktisch allen Sportarten an. Ob in Schnellkraft-, Ausdauer-, Mannschafts- oder Kampfsportarten: Der kombinierte Einsatz von mentalem und praktischem Training erbringt die größten Fortschritte. Bei Rückschlagspielen und Ballsportarten sollten deshalb nicht 100 Aufschläge oder Würfe am Stück ausgeführt werden. Sinnvoller ist es, bei problematischen Übungen eine mentale Einheit auf mehrere Praxisanteile folgen zu lassen, um den gewünschten Bewegungsablauf zu korrigieren oder zu stabilisieren. Erst danach fährt man mit dem praktischen Training fort.
Neulern-, Umlern-und Optimierungsprozesse können erleichtert werden, indem das Mentale Training bereits während der Immobilität oder begleitend zu sportartunspezifischen Übungen begonnen wird. Haben sich während der Rehabilitation Ausführungsängste eingestellt, können Einzeltechniken in Verbindung mit Entspannungsübungen (vgl. auch »Mentales Training für sportartunspezifische Übungen«, S. 51ff.) spannungsfrei mental geübt werden.

Im Vorfeld des ersten Wettkampfs nach der Verletzung ist es hilfreich, verschiedene Einzeltechniken so trainiert zu haben, daß sie letztlich auf hohem Fertigkeitsniveau Teil der unmittelbaren Wettkampfvorbereitung werden.
Abbildung 19 faßt die verschiedenen Einsatzmöglichkeiten des Mentalen Trainings für Einzeltechniken in der Rehabilitation zusammen. Um das vierstufige Mentale Training durchführen zu können, müssen Rehabilitanden beziehungsweise Sportler verschiedene Voraussetzungen (Abbildung 20) erfüllen.

Abbildung 19
Einsatzmöglichkeiten des Mentalen Trainings für Einzeltechniken

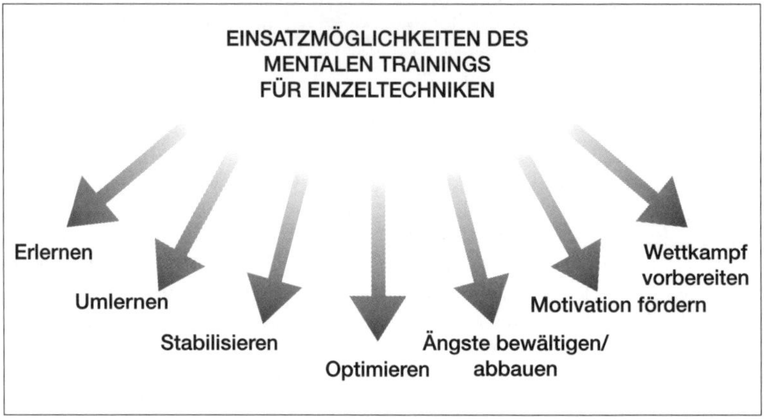

Abbildung 20
Voraussetzungen für das Mentale Training

VORAUSSETZUNGEN FÜR MENTALES TRAINING

Entspannter Wachzustand

Praktische Vorerfahrung / Eigenerfahrung

Eigenperspektive

Lebhaftes Vergegenwärtigen

Entspannter Wachzustand: Zu Beginn jeder mentalen Trainingsübung muß ein relativer Entspannungszustand erreicht sein. Dabei können Atementspannungsübungen oder andere Entspannungs-Kurzformen hilfreich sein (vgl. »Aktivationsregulation«, S. 63ff.). Nur unter relativer Entspannung hat man einen freien Kopf ohne ablenkende Gedanken. Tiefenentspannung ist nicht nötig, eher sogar hinderlich, da für das Mentale Training die Konzentrationsfähigkeit aufrechterhalten werden muß.

Relative Entspannung

Vorerfahrung/Eigenerfahrung: Vorerfahrungen sind unerläßlich, will man eine Bewegung mental trainieren. Daher muß gerade beim Neuerwerb einer Technik darauf geachtet werden, daß mentale Übungen nicht auf Dauer isoliert, sondern – wenn möglich – im Wechsel mit praktischen Einheiten stehen.

Eigenperspektive: Die Bewegungsvorstellungen müssen sich an den eigenen Möglichkeiten orientieren. Es sollten nur Übungen mental trainiert werden, die man selbst auszuführen vermag. Es nützt für die praktische Umsetzung nur sehr wenig, wenn man sich als Tennisspieler der Bezirksklasse den Aufschlag des jeweils Weltranglisten-Ersten zum Vorbild nimmt und auf dieser Basis mental trainiert; aufgrund unterschiedlicher Voraussetzungen (z. B. bei Kraft und Kondition) kann die Vorstellung nicht in die Tat umgesetzt werden. Natürlich ist es trotzdem möglich, bestimmte Technikmerkmale von Vorbildern herauszugreifen und sie auf die eigenen Maßstäbe zu transformieren, um dann die Bewegungsvorstellung darauf auszurichten.

Orientierung an den eigenen Möglichkeiten

Lebhaftes Vergegenwärtigen: Der Einsatz mehrerer Sinne und ein lebhaftes Vergegenwärtigen der Ausführung verbessern die Voraussetzungen für eine langfristige Wirksamkeit des Mentalen Trainings. Um die einzelnen Handlungsschritte möglichst genau in Gedanken durchgehen zu können, sollte man die charakteristischen handlungsbegleitenden Geräusche förmlich hören und die Teilbewegungen spüren.

Derart lebhafte Vorstellungen können sichtbare oder zumindest psychophysiologisch meßbare körperliche Reaktionen auslösen, wie z. B. Zittern, feuchte Hände, Herzklopfen und vieles mehr. Beeindruckend beschrieb einmal ein erfahrener Segler die Begleiterscheinung beim Mentalen Training eines Manövers: »Ich fühle mich wie auf dem Schiff und kann das Salz des Meerwassers auf den Lippen schmecken.«

Körperliche Reaktionen

Vierstufiges Mentales Training

Das Mentale Training der angezielten Technik wird in vier Stufen (Abbildung 21) unterteilt, wobei die zu verarbeitende Informationsmenge stetig reduziert wird. Auf der vierten Stufe liegt die Bewegungsvorstellung schließlich in jener Form vor, die einen optimalen praktischen Einsatz ermöglicht.

Der notwendige Übungszeitraum, bis Stufe vier erreicht wird, kann unterschiedlich lang sein und von wenigen Stunden bis zu mehreren Tagen und Wochen variieren. Dies hängt unter anderem von den individuellen Voraussetzungen, von der Trainingshäufigkeit und von der Komplexität der Technik ab. Ab der zweiten Stufe sollte eine Einheit des Mentalen Trainings nicht mehr als 15 bis 20 Minuten dauern, da danach erfahrungsgemäß die notwendige Konzentration nachläßt. Es ist dann besser, eine größere Pause von mehreren Stunden einzulegen oder erst am nächsten Tag eine weitere Übung durchzuführen. Prinzipiell kann dies jedoch

Abbildung 21 Vier Stufen des Mentalen Trainings für Einzeltechniken

STUFE	VORGEHEN
1	Technikbeschreibung mündlich und schriftlich
2	Technikbeschreibung mental
3	Knotenpunkte definieren
4	Knotenpunkte symbolisieren und rhythmisieren

– unter der Voraussetzung regelmäßigen Trainierens – der Entscheidung des Rehabilitanden beziehungsweise Sportlers überlassen bleiben.
Zu warnen ist vor einer übertriebenen Ehrgeizhaltung der Rehabilitanden. Bewegungsunterstützende Vorstellungen lassen sich nicht mit Gewalt (»Ich muß jetzt noch 10 Minuten trainieren, obwohl ich müde bin« . . .) erzwingen.

1. Stufe: Technikbeschreibung mündlich und schriftlich
Zunächst beschreibt der Sportler den gesamten Ablauf seiner Bewegung/Technik: Er faßt jeden Teil so detailliert wie möglich in Worte und fixiert den Ablauf schriftlich in Ich-Form (Beispiel Tennisaufschlag, Rechtshänder: »Ich stehe so an der Grundlinie, daß meine linke Fußspitze zum rechten Netzpfosten zeigt . . .«).

Ablaufplan

Der so gewonnene Ablaufplan kann einer kompetenten Person (z. B. dem Trainer) zur Kontrolle vorgelegt werden. Auf diese Weise werden Fehler- und Störquellen frühzeitig aufgedeckt. Für viele Trainer und auch Sportler ist es bei dieser Gelegenheit verblüffend zu sehen, wie groß die Unterschiede zwischen der normalerweise ausgeführten Bewegung und ihrer Beschreibung sind. Auffallend ist auch, daß Bewegungsanteile, in denen in der Praxis immer wieder Schwierigkeiten auftreten, unzureichend oder gar nicht beschrieben werden können.
Es dürfen ausschließlich handlungsförderliche Dinge in den Ablaufplan aufgenommen werden. Nicht-Aussagen (»Ich achte darauf, daß ich nicht . . .«) sollten unterbleiben, da sie den Fehler in die zu trainierende Bewegung hineintragen.

Wichtig ist, daß in dieser Phase des Mentalen Trainings nicht einfach nur ein Lehrbuch abgeschrieben wird, sondern daß der Athlet seine individuelle Sichtweise mit den notwendigen und richtigen technischen Abläufen sowie seine Empfindungen darstellt. Typische Eigenheiten und Angewohnheiten des Athleten sollen – wenn sie den Bewegungsablauf nicht stören – bei der Kontrolle des Ablaufplans nicht moniert werden. Die gesamte Bewegungsbeschreibung kann erst dann eine sinnvolle Grundlage des Mentalen Trainings bilden, wenn Wissenslücken geschlossen, Fehler entfernt werden und alle bewußtseinsfähigen Anteile darin enthalten sind.

2. Stufe: Technikbeschreibung mental

Im Wege intensiven Lesens wird die Bewegungsbeschreibung nahezu auswendig gelernt, so daß sie per Selbstgespräch beschrieben werden kann. Währenddessen stellt man sich die Phasen und Merkmale des Bewegungsablaufs intensiv vor. Dies sollte so oft geschehen, bis die Vorstellung auf stabilem Niveau abgerufen werden kann. Die Ausführlichkeit der Bewegungsbeschreibung läßt in dieser Stufe lediglich einen inneren Zeitlupenfilm der Bewegungsvorstellung zu. Erst wenn die mentale Technikbeschreibung ohne weitere Einschränkungen gelingt, kann zur dritten Stufe übergegangen werden.

Innerer Zeitlupenfilm

Es bietet sich an, aufgrund der Unterschiede im Zeitverlauf zwischen praktischer Ausführung und Mentalem Training während der Stufe 2 das praktische Training dieser Technik (falls es bereits wieder aufgenommen wurde) auszusetzen, damit es nicht zu störenden Mental-Praxis-Interferenzen kommt. Bei besonderer zeichnerischer Begabung ist es auch möglich, die Stufen 1 und 2 mit eigenen Abbildungen zu veranschaulichen.

Störende Interferenzen

3. Stufe: Knotenpunkte definieren

In der 3. Stufe werden die einzelnen Elemente des Bewegungsablaufs zusammengefaßt, systematisiert und so seine Struktur verdeutlicht. Die Informationsmenge des ausführlichen Ablaufplans in Stufe 2 wird komprimiert und ein direkterer Zugriff auf das Wissen als Basis für die Bewegungsumsetzung ermöglicht.
Dabei hebt man die für die individuelle Bewegungsausführung entscheidenden Stellen – sogenannte Knotenpunkte – hervor: Es kann dann notwendig sein, unter einem Knotenpunkt mehrere parallele Bewegungsteile zusammenzufassen, weil verschiedene Körperteile unterschiedliche Bewegungen gleichzeitig ausführen.

Zusammenfassen paralleler Bewegungsteile

Ein Tennisaufschlag wird auf diese Art anhand der Knotenpunkte »Ball hochwerfen«, »Schlägerrückführung«, »Treffen des Balls am höchstmöglichen Punkt« und »Abklappen des Schlägers« beschrieben. Schon beim ersten Knotenpunkt des Beispiels wird deutlich, daß es zu diesem Zeitpunkt nicht nur um das Hochwerfen des Balles geht, sondern daß damit auch das gleichzeitige In-die-Knie-Gehen angesprochen wird. Ebenso impliziert die »Schlägerrückführung« auch die notwendige Bogenspannung. Aufgrund ausführlichen mentalen Trainierens in Stufe 2 ist es aber nun nicht mehr nötig, alles einzeln aufzuführen – die parallelen Bewegungsanteile sind bereits abgespeichert und werden ebenfalls mit dem Knotenpunkt aktiviert.

Bei der Zusammenfassung mehrerer Bewegungsanteile zu einem Knotenpunkt werden teilweise auch einzelne Bilder oder Symbole verwendet, die den komplexen Bewegungsanteil verdeutlichen sollen: Stabhochspringer beschreiben beispielsweise die Streckphase zur Latte als »i«, um den motorisch schwierigen und aufwendigen Bewegungsanteil zusammenzufassen. Dieses »i« findet sich beim Mentalen Training von Stabhochspringern in Stufe 3 wieder.
Die Anzahl der Knotenpunkte sollte bei einer Technik oder einer kurzen Bewegungssequenz fünf bis sechs nicht überschreiten.

4. Stufe: Knotenpunkte symbolisieren und rhythmisieren

Kurzformel mit handlungsleitendem Charakter

Die Knotenpunkte werden nun symbolisch markiert, das heißt, sie werden in individuelle Kurzformeln umbenannt. Es hat sich als unterstützend herausgestellt, wenn sie ihren handlungsleitenden Charakter (»hoch«) auch in der Kurzform behalten. Die Auswahl muß jedoch den Sportlern selbst überlassen bleiben. Denkbar ist auch, die einzelnen Knotenpunkte nach Zahlen zu benennen.
Am Beispiel des Tennisaufschlags läßt sich das Vorgehen in Stufe 4 nochmals illustrieren.

Die in Stufe 3 definierten vier Knotenpunkte können z. B. als »Hoch« – »Rück« – »Raus« – »Ab« symbolisiert werden. Diese Kurzworte werden im folgenden so ausgesprochen, daß sie zum individuellen beziehungsweise relevanten Rhythmus der Bewegung passen: »Hooooooch – Rück – – Raus – Ab!«.

Ziel ist es, den Ablauf auf Stufe 4 mit gleicher Zeitdauer und mit gleichem Rhythmus wie in der praktischen Ausführung anhand der Knotenpunkte durchzudenken. Der Zeitbetrag kann mit Hilfe einer Stoppuhr überprüft werden. Sollte also der Aufschlag in der Praxis von der Ausgangsstellung bis zum Durchschwingen des Schlägers insgesamt 3 Sekunden benötigen, dann dauert das mentale Durchspielen des Aufschlags auf der 4. Stufe ebenfalls 3 Sekunden.
Wenn das praktische Training bereits wieder aufgenommen wurde, kann der Sprach- und Bewegungsrhythmus auch dadurch aufgebaut werden, daß die symbolisierten Knotenpunkte bei der praktischen Ausführung mitgesprochen werden.

Mit Erreichen der Stufe 4 ist der Aufbau des Mentalen Trainings zunächst beendet. Symbolisch-rhythmisch kann nun die Bewegungsvorstellung so geübt werden, daß die praktische Ausführung unmittelbar und in der Folgezeit davon profitiert. Der Rückgriff auf eine vorhergehende Stufe ist nötig, wenn sich technische Fehler eingeschlichen haben und diese korrigiert werden müssen. Im Laufe der Zeit machen Athleten die Erfahrung, daß ein Bewegungsablauf auch durch weniger Knotenpunkte abgerufen werden kann, als zunächst erarbeitet wurden. Sind damit keine Leistungseinbußen in der Praxis verbunden, ist gegen eine Reduzierung der Knotenpunkte aus fachlicher Sicht nichts einzuwenden. Ebenso kann sich herausstellen, daß noch eine entscheidende Stelle der Bewegungsausführung mitaufgenommen werden muß. Überschreiten die Knotenpunkte nicht die vorgeschlagene Anzahl von maximal sechs, kann auch im nachhinein ein weiterer aufgenommen werden.

Lang-anhaltende Effekte

Daß auch sehr langanhaltende Effekte des Mentalen Trainings zu beobachten sind, belegen die praktischen Erfahrungen der Autoren. Athleten, die vor einer Verletzung mit anschließender längerer Rehabilitationszeit Bewegungen oder Techniken mental trainiert haben, sind bei der Wiederaufnahme des sportartspezifischen Trainings vergleichsweise schnell wieder in der Lage, diese Technik auszuführen. Bei anderen – nicht mental trainierten – Bewegungen ist hingegen eine längere Anlaufzeit zu verzeichnen.

Ein Griechisch-römisch-Ringer der nationalen Spitzenklasse nutzte seine Rehabilitationszeit, um durch Mentales Training seine Kampferöffnung zu trainieren und zu stabilisieren. Um nicht unflexibel zu sein und in ein leicht durchschaubares Kampfmuster zu geraten, erarbeitete er sich mehrere Alternativen zu dieser Eröffnung, die er mental trainierte. In seiner Hauptstruktur beschrieb er auf Stufe 4 die Knotenpunkte mit den Kurzworten »Faß« – »Fest« – »Dreh« – »Zack«. Er symbolisierte damit sprachlich das Greifen der Handgelenke des Gegners, das Fixieren eines Arms, die Drehbewegung, mit der er versucht, den Gegner aus dem Stand zu bringen, und schließlich – wenn der Gegner in Bedrängnis kommt – sein Umfassen zum Ellenbogen und das Vorbeireißen des Gegners. Trotz wochenlanger Trainingspause gelang es ihm schnell wieder, auch im Wettkampf höchste Leistungen zu erbringen, was er unter anderem auch auf seinen konsequenten Einsatz des Mentalen Trainings zurückführte.

Probleme bei unzureichender Vorgehensweise

Es ist eine verbreitete Meinung unter denjenigen Sportlern, die das Mentale Training nicht oder nur unregelmäßig durchführen, daß man es gelegentlich einsetzen könne, indem man die Augen schließt und sich sportliche Bewegungen so gut wie möglich vorstellt. Neben der Ineffektivität derart unvorbereiteten Vorgehens tritt die Gefahr von Störungen auf: Wichtige Bewegungsteile werden übersprungen, der innere Film läuft nicht zeitadäquat ab, bleibt stehen, wiederholt einzelne Stellen oder läuft sogar rückwärts. Da die Vorstellung nicht genügend geübt wurde, wird das benötigte Fertigkeitsniveau im Mentalen Training nicht erreicht, und das Ergebnis ist, daß die handlungsinitiierende und -stützende Wirkung ausbleibt. Fehler und irrelevante Gedanken nehmen Einfluß. Unter Umständen führen Sportler diese Effekte dann auf die Tatsache zurück, daß sie zuviel an die Ausführung denken und sie deshalb nicht mehr locker umsetzen können. Der Fehler liegt in solchen Fällen jedoch nicht beim Mentalen Training, sondern in der unzureichenden Vorgehensweise der Athleten. Sie bleiben quasi auf Stufe 1 stehen, mischen sie teilweise mit Stufe 3 und können es somit nicht mit der gewünschten Zielstellung einsetzen. Erst auf Stufe 4 – nachdem die Grundlage in den ersten drei Stufen geschaffen wurde – ist das Mentale Training auf Fertigkeitsniveau einsetzbar und kann sowohl auf Bewußtseinsebene als auch unbewußt seine Wirkung auf die Bewegungsausführung entfalten.

Schlagworte zum Mentalen Training für Einzeltechniken

- Angezielte Technik oder Bewegungssequenz zuerst mündlich, dann schriftlich aus der Ich-Perspektive beschreiben. Keine »Nicht-Informationen« aufnehmen!
- Bewegungsvorstellung anhand des schriftlichen Ablaufplans durch wiederholtes, intensives Lesen detailliert erarbeiten (innerer Zeitlupenfilm).
- Entscheidende Bewegungsteile als Knotenpunkte benennen (maximal fünf bis sechs).
- Knotenpunkte umbenennen in individuelle Kurzformen mit handlungsleitendem Charakter.
- Bewegungsvorstellungen anhand der Kurzformen erarbeiten. Zeitbetrag sollte dem der praktischen Ausführung entsprechen.
- Nach Wiederaufnahme des sportartspezifischen Trainings abwechselnd mental und praktisch trainieren.
- Regelmäßig mental trainieren.

Praxis des Mentalen Trainings komplexer Bewegungsfolgen

Für viele Sportler ist die Rehabilitationszeit deshalb so problematisch, weil sie Sorge haben, sich nach Beendigung des Genesungsprozesses nicht mehr in ausreichendem Maß an komplexe Abläufe zu erinnern, und dadurch weit zurückgeworfen werden.

In der sportpsychologischen Praxis wird man häufig mit solchen Befürchtungen konfrontiert. So sorgen sich beispielsweise Eiskunstläufer, Tänzer, Turner, Kunstradfahrer und Rhythmische Sportgymnastinnen um ihre Kür oder ihr Programm, Motorsportler und Skiabfahrtsläufer sehen entscheidende Nachteile für sich erwachsen, weil sie spezielle Rennstrecken verletzungsbedingt nicht häufig genug trainieren können. Andere glauben ihre Variabilität in Gefahr, weil sie nicht genügend Alternativen zu ihrem taktischen Standardvorgehen trainieren können, so Kampfsportler oder Sportler aus Rückschlagspielen (z. B. Tennis, Squash, Badminton).

Für sie alle bietet das Mentale Training komplexer Bewegungsfolgen die Möglichkeit, Bewegungsabläufe weitgehend verfügbar zu erhalten, zu stabilisieren, eventuell sogar einzelne Anteile zu optimieren. Darüber hinaus können Grundlagen für neue komplexe Bewegungen (Entwurf einer neuen Kür, eines neuen Programms) gelegt werden.

Auch bei Ausdauersportlern stabilisiert die zeitadäquate Vorstellung bestimmter Streckenteile (einer Bahn beim Schwimmen, einer Runde im Stadion für Läufer) die Leistung. Geschlossene Bewegungsabfolgen, wie z. B. eine Passe (3 Pfeile in Reihenfolge) beim Bogenschießen, ein Hürdenlauf in der Leichtathletik oder auch Fahrten durch eine bestimmte Bobbahn, können mental trainiert werden. Das Training dient dann nicht nur der Aufrechterhaltung während der Rehabilitationszeit, sondern später auch als Trainingshilfe und zur unmittelbaren Wettkampfvorbereitung (mentales Aufwärmen).

Voraussetzungen und Vorgehensweisen des Mentalen Trainings komplexer Bewegungsfolgen sind vergleichbar den bereits beim Training von Einzeltechniken dargelegten Schritten (vgl. S. 54ff.). Es ist ebenfalls in vier Stufen aufgeteilt (Abbildung 22), wobei allerdings die letzten beiden entscheidende Unterschiede beinhalten.

STUFE	VORGEHEN
1	Ablaufbeschreibung mündlich / schriftlich
2	Ablaufbeschreibung mental
3	Informationsreduktion
4	Training und Stabilisierung

Abbildung 22
Vier Stufen des Mentalen Trainings komplexer Bewegungsfolgen

1. Stufe: Ablaufbeschreibung mündlich/schriftlich

Eigenperspektive

Die gesamte Handlung wird zunächst mündlich aus der Eigenperspektive detailliert beschrieben, dann komplett schriftlich festgehalten. Alle Hinweise aus Stufe 1 von »Mentales Training für Einzeltechniken« (vgl. S. 56f.) gelten auch hier.

2. Stufe: Ablaufbeschreibung mental

Innerer Zeitlupenfilm

Die schriftliche Ablaufbeschreibung wird so lange in entspanntem Zustand gelesen und der Vorgang vergegenwärtigt, bis ein stabiler innerer Zeitlupenfilm entstanden ist, der alle beschriebenen Anteile beinhaltet. Falls das sportartspezifische Training bereits wieder aufgenommen wurde, sollte der angesprochene Bewegungsablauf während dieser Phase noch nicht praktisch durchgeführt werden, da die große Informationsmenge zu diesem Zeitpunkt die Ausführung behindern könnte.

3. Stufe: Informationsreduktion
Aus der detaillierten Ablaufbeschreibung werden nun die Elemente herausgestellt, die als besonders bedeutsam erachtet werden und die im Zeitrahmen der gesamten Handlung visualisierbar sind. Nach Möglichkeit werden sie ähnlich den Knotenpunkten zusammengefaßt. Im Rahmen komplexer Bewegungsfolgen richtet sich die Anzahl der ausgewählten bedeutsamen Anteile nach der Dauer der Handlung und ist daher nicht von vornherein begrenzt.

Ein Eiskunstläufer wird beispielsweise mit Kurzworten den Beginn, die Einleitung und Durchführung der Sprünge oder anderer schwieriger Elemente sowie die Schlußpose seiner Kür beschreiben, die dazwischenliegenden – technisch wenig anspruchsvollen – Schritte sich aber nicht mehr detailliert vorstellen. Es genügt ihm, sie mit Zahlen zu benennen oder den gesamten Laufabschnitt mit einem Wort, Bild oder Symbol zu beschreiben. Es ist auch möglich, auf diese Schritte gar nicht mehr einzugehen und sich stattdessen auf den Gesichtsausdruck (z. B. »Strahlen!«) oder die gesamtkörperliche Haltung zu konzentrieren. Problemelemente sollten zuvor als Einzeltechnik auf Fertigkeitsniveau mental trainiert worden sein.

Wichtig ist, daß die Athleten mit Abschluß der 3. Stufe in der Lage sind, die komplette sportliche Handlung zeitadäquat vor dem inneren Auge – möglichst aus der Innenperspektive – lebhaft ablaufen zu lassen.

Gleicher Zeitbetrag

Das bedeutet für einen Eiskunstläufer, daß seine Kür (ohne eingespielte Musik!) mental so lange dauert (z. B. 4 Minuten 30 Sekunden), als ob er sie praktisch ausführen würde. Gleiches gilt für Sportler aus allen anderen Sportarten, die eine komplexe Bewegungsabfolge mental trainieren wollen. Auf die Sekunde genau funktioniert dies nicht oder nur in Ausnahmefällen; es sollten daher im Vorfeld akzeptable Toleranzen festgelegt werden (Eiskunstläufer tolerieren beispielsweise gemeinhin 5 bis 10 Sekunden Zeitdifferenz).

4. Stufe: Trainings- und Stabilisierungsphase

Konsequentes Trainieren

Auf der Basis der 3. Stufe werden in der Folgezeit je nach Bedarf und Möglichkeit täglich die komplexen Bewegungsfolgen mental trainiert. Nach Wiederaufnahme des sportartspezifischen Trainings bietet es sich an, mentale Übungen als Vorbereitung einer Trainingseinheit einzusetzen oder sie zu integrieren.
Eine mentale Übungseinheit sollte inklusive kurzer Pausen nicht länger als 10 Minuten dauern. Die hohe Konzentrationsleistung beim Mentalen Training komplexer Bewegungsfolgen ermöglicht kaum eine längere Aufrechterhaltung der Konzentration. Mit nachlassender Konzentration sind auch die Wirkungen des Mentalen Trainings gemindert.

So berichtet beispielsweise der mehrfache Schweizer Bob-Olympiasieger und -Weltmeister GUSTAV WEDER, *daß er die Durchfahrt einer Strecke zwar regelmäßig mental trainiere, mit maximaler Konzentration sei dies jedoch nur einmal am Tag durchführbar. Er prägt sich dabei intensiv sowohl seine körperlichen Reaktionen als auch den Bahnverlauf ein.*

Mentales Training komplexer Bewegungsfolgen hat ökonomische Grenzen. Für Radfahrer, Marathonläufer, Segelflieger, Hochseesegler und andere Sportler, die eine lange Wettkampfzeit zu absolvieren haben, ist es selbstverständlich nicht sinnvoll, den kompletten Ablauf der Strecke mental zu trainieren. Sie sollten sich auf wichtige Streckenteile oder auf technische Inhalte beschränken. Gerade bei Ausdauersportarten ist es wichtig, ein adäquates Selbstgespräch für problematische Situationen trainiert zu haben. Dieser innere Monolog kann sich auch auf Ausführungsinhalte stützen, so daß das rhythmische Vorsagen von Knotenpunkten (vgl. Stufe 4 von »Mentales Training für Einzeltechniken«, S. 58) zyklischer Bewegungen hilft, Krisenzeiten zu überwinden und handlungsleitende Instruktionen zu geben.

Schlagworte zum Mentalen Training komplexer Bewegungsfolgen

- Bewegungsfolge zuerst mündlich, dann schriftlich aus der Ich-Perspektive beschreiben. Keine »Nicht-Informationen« aufnehmen.
- Vorstellung des gesamten Bewegungsablaufs anhand der Beschreibung durch wiederholtes, intensives Lesen aufbauen, bis ein stabiler innerer Zeitlupenfilm jederzeit abrufbar ist.
- Informationsmenge durch Herausstellen wichtiger Bewegungsteile und durch verbales Zusammenfassen weniger bedeutsamer Elemente reduzieren. Die Anzahl bedeutsamer Bewegungsteile richtet sich nach der Dauer der gesamten Handlung.
- Komplexe Bewegungsfolge im zur Verfügung stehenden Zeitrahmen (so lange wie eine praktische Ausführung dauern würde) mental trainieren.
- Regelmäßiges Trainieren und nach der Rehabilitationszeit als Konzentrationsübung und zum mentalen Aufwärmen in Training und Wettkampf beibehalten.

Training der Aktivationsregulation

Entspannungstechniken

In allen Rehabilitationsphasen stellt die adäquate Aktivationslage einen bedeutsamen Faktor zur Genesungsförderung dar. Insbesondere eine zu hohe Aktivierung ist der Nährboden für rehabilitationshemmende Befindlichkeiten und Verhaltensweisen. Daher werden im folgenden vorwiegend Entspannungstechniken ausführlich dargestellt. Aufgrund der zur Verfügung stehenden Zeit während längerfristiger Rehabilitationsphasen ist das Erlernen einer Entspannungstechnik nicht allein aus Gründen der Genesungsunterstützung sinnvoll. Das in der Regel verhältnismäßig große Zeitbudget bietet die Gelegenheit, eine effektive Entspannungstechnik auch für den weiteren sportlichen Alltag einzuüben. Zur *Psychoregulation* bei zu hoher Aktivierung vor, während/zwischen und nach sportlichen Anforderungen in Training und Wettkampf kann für Athleten die Entspannung – wenn sie richtig eingesetzt wird – mit unterschiedlicher Zielstellung und Intensität äußerst nützlich sein.
Aus der Vielzahl der Möglichkeiten, einen Entspannungszustand aktuell hervorzurufen beziehungsweise ihn für längerfristige Wirksamkeit zu trainieren, bieten

sich drei (klassische) Verfahren besonders an: Atementspannung, Progressive Muskelentspannung und Autogenes Training. In der Praxis begegnet man häufig auch Mischformen zwischen ihnen. Mit einer dieser Methoden sollten Ungeübte zunächst versuchen, Entspannung zu erlernen. Unterstützend werden dazu zunehmend auch apparative Verfahren eingesetzt. Beispiele sind das Biofeedback und apparative Mentalsysteme (Abbildung 23). Atemregulation und apparategestützte Verfahren können sowohl mit entspannendem als auch mit aktivierendem Charakter durchgeführt werden.

Abbildung 23 Möglichkeiten für das Trainieren der Entspannung

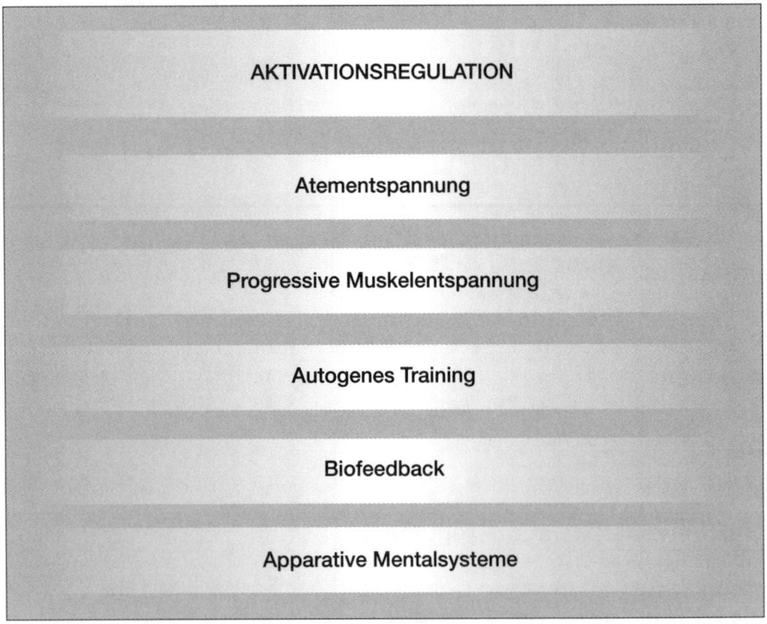

Training in der Gruppe oder allein

Wie gut sind Kassetten?

Personen, die Entspannung lernen und einsetzen wollen, bleibt es selbst überlassen, auf welche Art und Weise und durch welches Verfahren sie dies tun. Vorab ist jedoch zu klären, ob sie lieber in der Gruppe oder allein trainieren wollen. Wird ein Erlernen in der Gruppe abgelehnt, oder ist es aus organisatorischen Gründen nicht möglich, kann Entspannung via Tonträger (Kassette, CD) geübt werden. Die praktischen Erfahrungen damit sind jedoch zwiespältig: Einerseits ermöglichen sie, unabhängig bei freier Zeiteinteilung zu üben, andererseits verlieren sie häufig nach anfänglich konsequentem Üben ihre Verbindlichkeit. Das Entspannungstraining wird dann verschoben, und der immer wiederkehrende Ablauf vermindert die Motivation, über einen längeren Zeitraum zu trainieren. Zudem fällt auf, daß Kassetten selten eine Hilfe zur Selbsthilfe darstellen mit dem Ziel, im Lauf der Zeit möglichst ohne sie die Entspannung zu erleben. Vielmehr wird der Effekt unmittelbar mit dem Kassetteninhalt verbunden und ist dann auch nur über den Tonträger erreichbar. In Rehabilitationszeiten der Immobilität sind Kassetten jedoch als Einstiegshilfe zu empfehlen.

Entspannungshaltungen

Alle Entspannungstechniken können prinzipiell in fast jeder Körperhaltung ausgeführt werden. Einige Haltungen haben sich als besonders hilfreich herausgestellt, vor allem bei der Progressiven Muskelentspannung und beim Autogenen Training. Dies sind z. B. die Liegehaltung, die passive Sitzhaltung und die Droschkenkutscherhaltung. Es bleibt jedem selbst überlassen, für welche Haltung er sich beim jeweiligen Entspannungstraining entscheidet.

Liegehaltung

Haben Übende noch keine größeren Erfahrungen im Umgang mit Entspannungstechniken, ist es zur Erlangung erster Übungseffekte besonders wichtig, eine geeignete Körperhaltung einzunehmen. Hier bietet sich eine einfache Liegehaltung an. Man legt sich dabei auf einer angenehmen, nicht zu weichen Unterlage auf den Rücken, streckt die Beine locker aus und läßt die Fußspitzen nach außen zeigen. Hilfreich ist es, Nacken und Knie durch kleine Kissen oder eine zusammengerollte Decke so zu unterlegen, daß das Gefühl entspannten Liegens noch verstärkt wird. Die Arme liegen seitwärts neben dem Körper, mit leicht angewinkelten Ellenbogen (Abbildung 24).

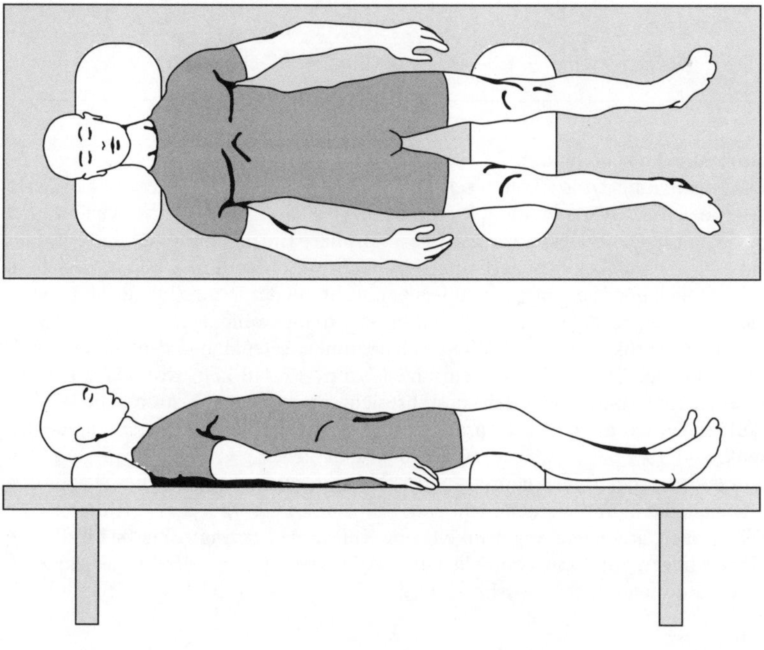

Abbildung 24
Liegehaltung – von oben und von der Seite gesehen

Passive Sitzhaltung
In der passiven Sitzhaltung (Abbildung 25) lehnt man sich am besten gegen die Rückenlehne eines bequemen Sessels oder Lehnstuhls. Die Arme ruhen auf den Sessellehnen oder auf den Oberschenkeln, die Füße stehen etwas voneinander entfernt parallel auf dem Boden, der Kniewinkel beträgt über 90 Grad. Der Kopf kann entweder angelehnt werden oder locker nach vorn hängen.

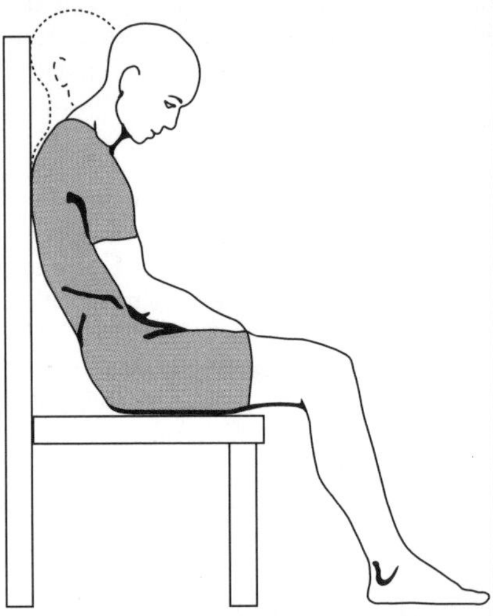

Abbildung 25
Passive Sitzhaltung (links)

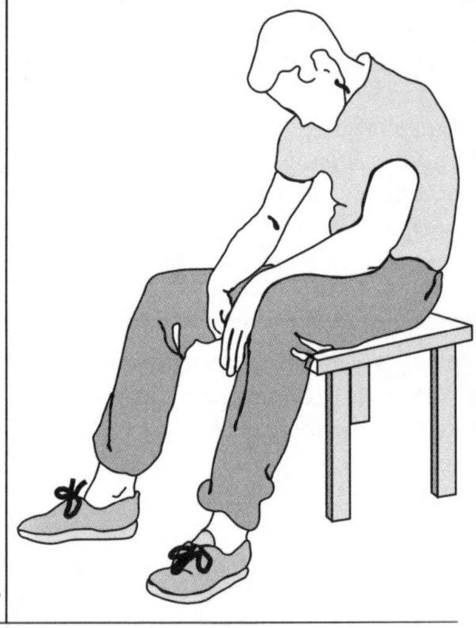

Abbildung 26
Droschkenkutscherhaltung (rechts)

Droschkenkutscherhaltung
Die sogenannte Droschkenkutscherhaltung (Abbildung 26) ist die bekannteste der speziellen Entspannungshaltungen. Sie wird häufig und gern verwendet, und in vielen Entspannungskursen wird sie als primäre Entspannungshaltung empfohlen. Die Droschkenkutscherhaltung ist nicht unumstritten. Übende berichten gelegentlich über Spannungen im Rücken während der Übungen; allerdings wird diese Haltung in der Praxis auch häufig falsch angewendet.
Um die Droschkenkutscherhaltung einzunehmen, setzt man sich auf einen Stuhl, rückt mit der Sitzfläche ein wenig nach vorn, so daß kein Kontakt mehr zur Rückenlehne (falls vorhanden) besteht, richtet sich dann auf, streckt die Wirbelsäule und sackt dann in sich zusammen. Die Schultern bleiben trotzdem nahezu senkrecht über der Sitzfläche, so daß man sich nicht zu weit nach vornüberbeugt und dadurch der Bauch gepreßt wird. Die Unterarme liegen locker (!) auf den Oberschenkeln und werden nicht zum Stützen des Oberkörpers verwendet. Die Ellenbogen sind leicht angewinkelt, der Kniewinkel beträgt circa 90 Grad. Die Hände liegen entweder ebenfalls auf den Oberschenkeln oder hängen im Zwischenraum leicht herunter. Im letzten Fall sollten sich die Finger jedoch nicht berühren.

Atementspannung

Techniken der Atementspannung erweisen sich in vielen Alltagssituationen als äußerst hilfreich zur Relaxation und Regeneration. Auch im sportlichen Alltag werden sie im Training und zur Wettkampfvorbereitung gern eingesetzt. Das hat mehrere Gründe:

Vorteile der Atementspannung

- Atemtechniken sind leicht zu erlernen.
- Atemtechniken sind variabel anwendbar und beinahe überall trainierbar. Sie können äußerst kurz – mit wenigen Atemzügen – oder auch über einen längeren Zeitraum eingesetzt werden.
- Die Tiefe der Entspannung ist bei Atemtechniken leicht regulierbar (wichtig vor allem vor Wettkämpfen und in kurzen Pausen, um nicht in einen zu tiefen Entspannungszustand zu geraten).
- Atemtechniken können verschiedene Wirkungen entfalten. Ihre entspannenden Effekte können in aktivierende übergehen, indem man sich vornehmlich auf die Einatmung konzentriert (sogenanntes *Brustatmen*). Dem kräftigen Einatmen folgt dann jeweils ein zeitlich etwas kürzeres Ausatmen. Diese aktivierende Komponente erweist sich insbesondere in der Wettkampfvorbereitung und in der Pause als bedeutsam, wenn eine Entspannungsphase vorausgegangen ist: Durch den Einsatz von Entspannungstechniken können leistungsinadäquate Aktivationsniveaus folgen, die durch eine Aktivierungsphase ausgeglichen werden müssen.

Für die Rehabilitationszeit bieten Atementspannungstechniken eine Reihe von Möglichkeiten und Anwendungsbereichen:

Atementspannung in der Rehabilitation

- Erster Einstieg in Entspannungstechniken.
- Milderung genesungshinderlicher hoher Aktivierung, Unruhe und Nervosität.
- Sportphysiotherapeuten empfehlen diese Technik auch als Einstieg für Massagen oder krankengymnastische Übungen.
- Beim Mentalen Training ist eine relative Entspannung Voraussetzung. Sie kann unter anderem auch durch Entspannungsatmen erreicht werden.
- Für den späteren Einsatz von Atemtechniken in Training und Wettkampf können in der Rehabilitationszeit die Grundlagen geschaffen werden.

Aus fernöstlichen Psychoregulationsstrategien lassen sich äußerst effektive Entspannungstechniken, die auf der Atemregulation beruhen, ableiten. In praktisch allen bekannten Entspannungstechniken westlicher Prägung finden sich Konzentrations- und Atemübungen, die auf alten chinesischen Traditionen beruhen. So verbinden beispielsweise Qigong und Tai Chi eine Vielfalt körperlicher und psychischer Übungen zur Körperhaltung, zur psychischen Einstellung und zur Atmung miteinander.

Qigong
Tai Chi

Insbesondere das Qigong bietet eine Fülle von Einzelmethoden, die eigentlich in Kombination – unter Berücksichtigung ihres philosophischen Hintergrundes –

erlernt und angewendet werden sollten. Ohne die Herkunft zu nennen, werden diese Methoden und Techniken für westliche Entspannungsformen isoliert und in einen anderen Zusammenhang gestellt. Gleichwohl kann man mit ihnen auch unter diesen Umständen ein Gefühl der Entspannung erreichen.
Einige Methoden sollen hier kurz angesprochen werden, da sie ausgezeichnete Basisübungen darstellen.

Yishou-Methode Bei der Yishou-Methode beispielsweise wird in vielfältigen Variationen die Konzentration unter regelmäßigem *Bauchatmen* auf einen bestimmten Punkt des Körpers gelenkt (z. B. auf die Hände).

Suixi-Methode Für die spezielle Atemregulierung wird häufig die Suixi-Methode angewendet, bei der die Gedanken auf die hebenden und senkenden *Bauch-Atembewegungen* gerichtet sind. Der Versuch, die Atmung willkürlich zu beeinflussen, sollte auf alle Fälle unterbleiben, so daß Geist und Atmung eins werden und innere Ruhe vermittelt werden kann.

Shuxi-Methode Die Shuxi-Methode sieht vor, *Atembewegungen* so lange zu *zählen,* bis man nichts mehr wahrnimmt und an nichts mehr denkt und so an innerer Ruhe gewinnt.

Mo'nian-Methode Die Mo'nian-Methode erinnert an Formen des Autogenen Trainings. Unter regelmäßigem *Bauchatmen* wird hierbei still und ruhig an bestimmte einfache Sätze oder Wörter gedacht, wie z. B. »Ich bin ganz ruhig« oder »Entspannung«. Störende Gedanken können dann ausgeschaltet und ein hoher Grad der Entspannung erreicht werden.
Im europäischen Raum haben Entspannungstechniken aus der hinduistisch-buddhistisch geprägten Yoga-Lehre viele Anhänger – auch unter Sportlern – gefunden. Eine auffallend große Menge an Fachliteratur und ein vielfältiges Veranstaltungs- und Seminarangebot steht Interessenten zur Verfügung.

Praxis der Atementspannung

Visualisierendes Entspannungsatmen

Eine praktikable und einfache Form des Entspannungsatmens soll im folgenden vorgestellt werden. Die Atemtechnik wird dabei mit der sukzessiven Vorstellung entspannter Körperteile kombiniert. Eine Übungseinheit dieser Technik pro Tag genügt in der Regel, um sie nach wenigen Wochen jederzeit effektiv einsetzen zu können. Der Zeitrahmen überschreitet dabei kaum einmal 10 Minuten.
Die Abfolge kann zunächst entweder selbst auf eine Kassette zum Anhören gesprochen werden, oder eine andere Person liest sie vor. Nach nur wenigen Übungen ist die Vorgehensweise jedoch so eingeprägt, daß das Entspannungsatmen auch ohne externe Hilfe durchgeführt werden kann.
Tiefes Entspannungserleben, wie etwa beim Autogenen Training, ist damit zwar nicht zu erreichen, als *Einstiegs- und Alltagsübung* bietet sie sich jedoch an. Besonders jenen sportlichen Rehabilitanden, die Entspannungstechniken eigentlich ablehnen, kann so ohne großen zeitlichen Aufwand die Effektivität von Entspannungstechniken nähergebracht werden. Trainer nutzen diese Form des Entspannungsatmens, um zum Ausklang des Trainings die *Regeneration* einzuleiten.

Die 15 Schritte der Atementspannung

1. Nehmen Sie eine bequeme Sitz- oder Liegehaltung ein, legen Sie die Arme seitlich, und schließen Sie die Augen.

2. Stellen Sie zunächst einen gleichmäßigen Atemrhythmus her, und beobachten Sie in Gedanken, wie sich Ihre Bauchdecke im Rhythmus der Atmung hebt und senkt. Die Schultern werden beim Einatmen nicht hochgezogen, sondern bleiben in tendenziell abfallender Haltung. (20 bis 30 Atemzüge)

3. Wählen Sie dann einen Atemzug aus, und stellen Sie sich beim – möglichst langen – Ausatmen vor, wie sich Ihr dominanter Arm von der Schulter bis in die Fingerspitzen entspannt.

4. Beobachten Sie anschließend in Gedanken wieder das gleichmäßige Heben und Senken der Bauchdecke im Rhythmus der Atmung. (Circa 10 Atemzüge)

5. Wählen Sie dann wieder einen Atemzug aus, und stellen Sie sich beim – möglichst langen – Ausatmen vor, wie sich der andere Arm von der Schulter bis in die Fingerspitzen entspannt.

6. Beobachten Sie anschließend in Gedanken wieder das gleichmäßige Heben und Senken der Bauchdecke im Rhythmus der Atmung. (Circa 10 Atemzüge)

7. Wählen Sie dann wieder einen Atemzug aus, und stellen Sie sich beim – möglichst langen – Ausatmen vor, wie Ihre Gesichts- und Nackenmuskeln entspannt werden.

8. Beobachten Sie anschließend in Gedanken wieder das gleichmäßige Heben und Senken der Bauchdecke im Rhythmus der Atmung. (Circa 10 Atemzüge)

9. Wählen Sie dann wieder einen Atemzug aus, und stellen Sie sich beim – möglichst langen – Ausatmen vor, wie Brust, Bauch und Rücken entspannt werden.

10. Beobachten Sie anschließend in Gedanken wieder das gleichmäßige Heben und Senken der Bauchdecke im Rhythmus der Atmung. (Circa 10 Atemzüge)

11. Wählen Sie dann wieder einen Atemzug aus, und stellen Sie sich beim – möglichst langen – Ausatmen vor, wie die Beine und Füße entspannt werden.

12. Beobachten Sie in Gedanken anschließend wieder das gleichmäßige Heben und Senken der Bauchdecke im Rhythmus der Atmung. (Circa 10 Atemzüge) Vergegenwärtigen Sie sich dann nacheinander nochmals das Gefühl entspannter Arme (zuerst der dominante, dann der andere), des entspannten Gesichts und des Nackens, der entspannten Brust-, Bauch und Rückenmuskulatur sowie der entspannten Beine und Füße.

13. Wählen Sie dann wieder einen Atemzug aus, und versuchen Sie, mit dem langen Ausatmen ihr gesamtkörperliches Entspannungsgefühl weiter zu vertiefen.

14. Atmen Sie noch einige Züge gleichmäßig ein und aus. Intensivieren Sie dann die Einatmung, ziehen Sie dabei die Schultern hoch, öffnen Sie die Augen, und zählen Sie jeden der abschließenden 5 Atemzüge, indem Sie von 5 bis 1 herunterzählen.

15. Stehen Sie auf, und bewegen Sie sich locker.

Wird das Entspannungsatmen stabil beherrscht, kann man dazu übergehen, es gelegentlich abzukürzen, um es auch als Kurzform einsetzen zu können. In der beschriebenen Ausgangsposition werden dann nur noch die letzten 4 Schritte des Ablaufs von 12 bis 15 durchgeführt.

Progressive Muskelentspannung

Unter der Vielzahl der Muskelentspannungstechniken sind Formen der »Progressive Relaxation« (engl.) am weitesten entwickelt und wissenschaftlich am besten fundiert. Sie gehen auf EDMUND JACOBSON zurück, der 1938 ein System fortschreitender Entspannung für die Willkürmuskulatur vorstellte. JACOBSONS Entspannungstraining folgten zahlreiche Versuche anderer Wissenschaftler, die Vorgehensweise zu variieren. Einen Überblick und eine praktische Einführung geben BERNSTEIN und BORKOVEC (1975).
Das Prinzip der Übungen besteht darin, das Gefühl der Muskelentspannung durch vorausgehende Anspannung in einzelnen Muskelgruppen zu verstärken und dabei die Übertragung der Änderung des Muskeltonus von einer Muskelgruppe auf die nächste auszunutzen. Die schrittweise Entspannung einzelner Muskelgruppen führt letztlich zu einer ganzkörperlichen Entspannung.
JACOBSON war es seinerzeit ausgesprochen wichtig, den Übenden zunächst – noch bevor das Training begonnen wurde – zu verdeutlichen, wie sich ihre eigene Anspannung äußert. Er berichtet:

> *»Die Versuchsperson wurde einfach instruiert, daß sie bis zu einem extremen Grad sich entspannen lernen wird. Deshalb war es nützlich, ihr zuerst zu zeigen, was Spannung ist. Mit geschlossenen Augen liegend, bringt die Versuchsperson ihren rechten oder linken Vorderarm in Spannung, während der Versuchsleiter ihn festhält, um die Kontraktion deutlich zu machen. Die Versuchsperson soll dann deutlich machen, ob und wo sie das Gefühl der Spannung wahrnimmt. Im Erfolgsfall wird ihr dann mitgeteilt, diese Wahrnehmung solle nun im gegenseitigen Einvernehmen als ›Spannung‹ oder ›angespannt sein‹ bezeichnet werden. Immer wenn diese gleiche Sensation oder Empfindung in diesem oder jenem Teil des Körpers auftritt, so soll sie ›angespannt sein‹ heißen. Wenn die Versuchsperson den Körperteil kontrahiert, wird ihr gesagt: ›Sie sind es, der dies tut. Was wir jetzt wollen, ist das Gegenteil – es einfach nicht tun.‹ Es ist von großer Wichtigkeit, die Versuchspersonen zu unterrichten, daß sie keine Anstrengungen machen, sondern sich ausruhen sollen.«*
> (Zitiert nach LANGEN, 1976)

Positive Erfahrungen im Sport

Die Erfahrungen der Verfasser beim Einsatz der Progressiven Muskelentspannung (kurz PMR für Progressive Muskelrelaxation) im Sport sind positiv: Ob zur Einleitung von Erholungs- und Regenerationsprozessen, zur Psychoregulation bei inadäquater Aktivierung vor einem Wettkampf oder zur Unterstützung des Mentalen Trainings – das Verfahren wird von Sportlern akzeptiert und gern eingesetzt. Dies mag vor allem daran liegen, daß PMR zunächst recht mechanisch für die Übenden wirkt. Durch die willkürliche, praktische Anspannung einzelner Muskelgruppen haben sie das Gefühl, aktiv an der Entspannung mitzuarbeiten, also einen ähnlichen Prozeß zu absolvieren, wie sie ihn vom sportlichen Training her kennen. Bestimmte Vorstellungsinhalte der Wärme oder Schwere – wie beispielsweise beim Autogenen Training – werden nicht bewußt benötigt, so daß eventuelle Vorurteile gegen psychologische Techniken nicht greifen.

PMR in der Rehabilitation

In der Rehabilitation nach Sportverletzungen hat sich PMR als Entspannungstechnik in allen Phasen bewährt, um

- genesungshemmenden Aktivierungszuständen sowohl vorbeugend als auch therapeutisch entgegenzuwirken.
- Erholungs- und Regenerationsprozesse ökonomisch einzuleiten beziehungsweise zu gestalten. Dieser Aspekt ist insbesondere für das sportartspezifische und für das -unspezifische Aufbautraining zu beachten.
- krankengymnastische Übungen oder Massagen vorzubereiten/einzuleiten. Durch PMR werden gezielt muskuläre Verspannungen gelöst, so daß die anschließenden physiotherapeutischen Effekte erleichtert und verstärkt werden.
- als primäre Entspannungstechnik die Systematische Desensibilisierung (vgl. S. 141 f.), mit der starke Angstzustände oder Panikattacken in der Rehabilitation gemildert oder beseitigt werden, zu unterstützen.

Für jene Athleten, die als Entspannungstechnik auf alle Fälle das Autogene Training beherrschen wollen, können Teile der Progressiven Relaxation als Hilfestellung zur Einübung der Schwere- und Wärmeübung (vgl. S. 82 f.) verwendet werden. Sportler, die PMR in der Rehabilitation kennengelernt haben, berichten häufig, daß sie das Verfahren auch weiterhin regelmäßig oder phasenweise im sportlichen Alltag einsetzen.

Jacobson konnte nachweisen, daß tiefe Muskelentspannung mit verringerter Puls- und Atemfrequenz und einer Blutdrucksenkung einhergeht. Die Hautleitfähigkeit erhöht sich dabei, was als valider Indikator für gesamtkörperliche Relaxation angesehen wird. Somit eignet sich das Verfahren nicht nur zum Abbau muskulärer Spannung, sondern auch zur Veränderung der Aktivation im Sinne einer Entspannung.

Nach drei bis sechs Sitzungen zu je 15 Minuten sind erfahrungsgemäß bei PMR-Kurzformen die ersten Übungseffekte über die Trainingszeit hinaus bei den Trainierenden zu verzeichnen. Bei täglichem Training werden nach circa vier Wochen recht deutliche Effekte bemerkt. Mit größeren zeitlichen Abständen (ein- bis zweimal pro Woche sowie bei Bedarf) sollte dann kontinuierlich weitertrainiert werden.

Als besonders effektiv hat es sich erwiesen, mit steigendem Fertigkeitsgrad das Training auch unter Störbedingungen durchzuführen. Ebenso kann mit zunehmendem Training das Verfahren verkürzt werden, indem auf die bewußte Anspannung verzichtet wird. Die mittlerweile erlernte Sensibilität für den Tonus einzelner Muskelgruppen ermöglicht es, unmittelbar die Entspannung einzuleiten. Um das Verfahren dann noch weiter zu verkürzen, können zunehmend mehr Körperbereiche und Muskelgruppen zusammengefaßt werden.

Praxis der Progressiven Muskelentspannung

Von der Vielzahl der Versuche, die Progressive Relaxation zu variieren und ökonomischer zu gestalten, als sie in ihrer ursprünglichen Form war, hat sich die bereits 1966 entwickelte Vorgehensweise von Wolpe und Lazarus als eine der effektivsten herausgestellt. Sie ist in der dargestellten Form auch heute noch eine der gängigen ausführlichen Methoden. Dabei werden von Beginn des Trainings an fünf relativ große Körperbereiche sukzessiv angesprochen:

Angesprochene Körperbereiche

- Arme und Hände
- Gesicht, Nacken, Schultern und oberer Rücken
- Brust, Bauch und unterer Rücken
- Lenden, Schenkel, Waden
- gesamter Körper.

Der folgende vierstufige Ablauf muß beim Training mit jeder einzelnen angesprochenen Muskelgruppe eingehalten werden:

Ablauf des Trainings

1. Konzentration auf die jeweilige Muskelgruppe
2. Anspannen der Muskelgruppe und die Spannung 5 bis 7 Sekunden halten
3. Spannung lösen
4. Empfinden der Entspannung.

Zum Üben nimmt man eine der Entspannungspositionen ein. Wer noch nie Entspannungstechniken geübt hat, sollte zunächst im Liegen beginnen und nach einigen Einheiten dann in eine der Sitzpositionen (vgl. S. 65f.) wechseln. Störungen sollten in der Übungszeit vermieden werden.

Möchte man nicht an einem Gruppenkurs teilnehmen, sind die folgenden (beziehungsweise auch leicht abgewandelte) Instruktionen entweder über Tonträger zu empfangen, oder man übt allein mit einer geschulten Fachkraft, die den Text mit neutraler Stimmlage vorliest (vgl. auch Sonnenschein, 1985). Abweichend zum folgenden Text wird empfohlen, nicht unbedingt mit dem rechten, sondern mit dem dominanten Arm zu beginnen.

Entspannung der Arme und Hände (circa 4 bis 5 Minuten)

Setzen/legen Sie sich so bequem wie möglich. Entspannen Sie sich, so gut es geht.

Nachdem Sie sich entspannt haben, ballen Sie die rechte Faust, ballen Sie sie fester und fester, und beobachten Sie dabei die Spannung. Halten Sie die Faust geballt, und fühlen Sie die Spannung in der rechten Faust, in der Hand, im Unterarm. •••••

Und nun entspannen Sie. Lassen Sie die Finger der rechten Hand locker werden und beobachten Sie den unterschiedlichen Eindruck. •••••
Lassen Sie sich völlig gehen, und versuchen Sie, sich am ganzen Körper zu entspannen.

Noch einmal: Die rechte Faust ganz fest halten ••••• sie gespannt halten und die Spannung wieder beobachten. •••••

Nun lassen Sie los, entspannen Sie sich; Ihre Finger strecken sich wieder, und Sie merken den Unterschied. •••••

Machen Sie das gleiche mit der linken Faust. Ballen Sie die linke Faust, während der restliche Körper sich entspannt; ••••• ballen Sie die Faust fester, und fühlen Sie die Spannung. •••••

Und nun entspannen Sie. Genießen Sie wieder den Unterschied. •••••

Wiederholen Sie noch einmal: Spannen Sie die linke Faust ganz stark. •••••

Entspannen Sie, und fühlen Sie den Unterschied. Überlassen Sie sich einige Zeit dieser Entspannung. •••••

Ballen Sie beide Fäuste fester und fester, beide Fäuste ganz fest, die Unterarme ganz gespannt, ••••• und beobachten Sie Ihre Empfindungen. •••••

Und nun entspannen Sie; strecken Sie die Finger, und fühlen Sie die Entspannung. Fahren Sie fort, die Hände und Unterarme zu entspannen, entspannen Sie immer mehr. •••••

Beugen Sie beide Ellenbogen, und spannen Sie die Bizeps. Fester und fester spannen und die Spannungsgefühle beobachten. •••••

Die Arme wieder strecken, entspannen und auf den Unterschied achten. Nun breitet sich die Entspannung aus. •••••

Noch einmal: Spannen Sie die Bizeps; die Spannung festhalten und genau beobachten. •••••

Strecken Sie die Arme aus, und entspannen Sie; entspannen Sie, so gut Sie können. ••••• Achten Sie jedesmal genau auf Ihre Empfindungen, einmal, wenn Sie anspannen, und dann, wenn Sie entspannen.

Nun strecken Sie die Arme aus, drücken Sie sie so fest auf die Unterlage, daß Sie eine große Spannung in den Trizepsmuskeln an der Rückseite der Oberarme spüren; strecken Sie die Arme, und fühlen Sie die Spannung. •••••

Und nun wieder entspannen. Arme wieder bequem hinlegen. Lassen Sie die Entspannung sich weiter ausbreiten. Die Arme fühlen sich angenehm schwer an, während Sie entspannen. •••••

Noch einmal die Arme strecken und auf die Unterlage drücken, so daß Sie die Spannung in den Trizepsmuskeln fühlen; drücken Sie ganz fest. Fühlen Sie die Spannung. •••••

Und entspannen Sie. Nun konzentrieren Sie sich auf reine Entspannung in den Armen ohne jegliche Spannung. Legen Sie die Arme ganz bequem hin, und entspannen Sie weiter und weiter, weiter und weiter. Selbst wenn Sie glauben, Ihre Arme seien nun völlig entspannt, versuchen Sie, noch einmal ein wenig weiterzugehen; versuchen Sie, ein immer tieferes Gefühl der Entspannung zu erreichen.

Entspannung des Gesichts mit Nacken, Schultern und oberem Rücken (circa 4 bis 5 Minuten)

Lassen Sie alle Muskeln locker und schwer werden. Setzen/legen Sie sich ruhig und bequem zurück. •••••

Runzeln Sie die Stirn; runzeln Sie sie stärker. •••••

Und nun entspannen Sie die Stirn, und lassen Sie sie locker und glatt. Beobachten Sie, wie die Stirnhaut immer lockerer wird, je mehr Sie sich entspannen. •••••

Ziehen Sie die Augenbrauen zusammen, und beobachten Sie die Spannung. •••••

Beenden Sie die Anspannung wieder. Lassen Sie die Stirnhaut wieder ganz locker. •••••

Kneifen Sie die Augen zusammen, fester und fester. ••••• Fühlen Sie die Spannung. •••••

Und entspannen Sie die Augenpartie. Halten Sie die Augen ruhig und bequem geschlossen, und beobachten Sie die Entspannung. •••••

Beißen Sie die Zähne fest aufeinander, und spannen Sie die Kiefermuskeln; beobachten Sie die Spannung in der Kiefermuskulatur. •••••

Entspannen Sie nun die Kiefermuskeln. Lassen Sie dabei die Lippen leicht offen. ••••• Genießen Sie die Entspannung. •••••

Pressen Sie die Zunge fest gegen den Gaumen. Beobachten Sie die Spannung. •••••

Lassen Sie die Zunge wieder locker und entspannt werden. •••••

Nun spitzen Sie die Lippen, pressen Sie die Lippen fester und fester zusammen. •••••

Entspannen Sie die Lippen. Beobachten Sie wieder den Unterschied zwischen Spannung und Entspannung. Beobachten Sie die Entspannung im ganzen Gesicht, an der Stirn, der Kopfhaut, den Augen, der Kiefermuskulatur, an Lippen, Zunge und Hals. Die Entspannung breitet sich immer mehr aus. •••••

Nun beobachten Sie die Nackenmuskeln. Drücken Sie den Kopf so fest wie möglich zurück, und beobachten Sie die Spannung im Nacken; rollen Sie den Kopf auf die rechte Seite und beobachten Sie, wie die Spannung wechselt; nun rollen Sie den Kopf zur linken Seite. Richten Sie den Kopf auf, und beugen Sie ihn nach vorne, pressen Sie das Kinn gegen die Brust. •••••

Legen Sie den Kopf wieder bequem hin, und beobachten Sie die Entspannung. Lassen Sie die Entspannung sich weiter ausbreiten. •••••

Ziehen Sie die Schultern hoch, ganz hoch, halten Sie die Spannung. •••••

Lassen Sie die Schultern fallen, und beobachten Sie die Entspannung. Nacken und Schultern entspannen sich. •••••

Ziehen Sie die Schultern noch einmal hoch, ganz fest, und drehen Sie sie nach vorne und zurück. Beobachten Sie die Spannung in den Schultern und im oberen Rücken. •••••

Lassen Sie die Schultern wieder fallen und sich entspannen. Lassen Sie die Entspannung sich tief in den Schultern ausbreiten, bis in die Rückenmuskeln. Entspannen Sie Nacken und Hals, Kiefermuskeln und die gesamte Gesichtspartie, und beobachten Sie, wie eine große Entspannung sich ausbreitet und tiefer wird ••••• tiefer ••••• immer tiefer.

Entspannung der Brust, des Bauches und des unteren Rückens (circa 4 bis 5 Minuten)

Entspannen Sie den Körper, so gut es geht. Beobachten Sie das angenehme Gefühl der Schwere, das mit der Entspannung einhergeht. Atmen Sie leicht und frei ein und aus. Beobachten Sie, wie die Entspannung mit dem Ausatmen ansteigt. ••••• Während Sie ausatmen, fühlen Sie die Entspannung. •••••

Nun atmen Sie fest ein und füllen die Lungen; holen Sie tief Luft, und halten Sie den Atem an. Beobachten Sie die Spannung. •••••

Atmen Sie aus, lassen Sie den Brustkorb locker werden, und lassen Sie die Luft von selbst ausströmen. Entspannen Sie sich weiter, und atmen Sie frei und ruhig. Beobachten Sie die Entspannung, und genießen Sie sie. •••••

Während der restliche Körper so entspannt wie möglich ist, füllen Sie noch einmal die Lungen voll mit Luft. Holen Sie tief Luft, und halten Sie den Atem wieder an. •••••

So ist es gut; atmen Sie aus, beobachten Sie die Brust, und lassen Sie die Entspannung sich ausbreiten über Rücken, Schultern, Nacken und Arme. Einfach loslassen und die Entspannung genießen. •••••

Beobachten Sie die Bauchmuskeln. Spannen Sie die Bauchmuskeln, machen Sie sie ganz hart. Beobachten Sie die Spannung. •••••

Und entspannen Sie sie. Lassen Sie die Muskeln locker werden, und beobachten Sie den Unterschied. •••••

Noch einmal: Pressen und spannen Sie die Bauchmuskeln. Spannung festhalten und beobachten. •••••

Und entspannen. Beobachten Sie das allgemeine Wohlbefinden, das mit der Entspannung des Bauches einhergeht. •••••

Nun ziehen Sie den Bauch ein, spannen Sie die Muskeln fest, und erleben Sie diese Spannung. •••••

Und wieder ausatmen. Lassen Sie den Bauch wieder los. Atmen Sie normal und leicht, und spüren Sie dabei das angenehme Gefühl, das über die Brust und den Bauch läuft. •••••

Ziehen Sie den Bauch wieder ein, und halten Sie die Spannung fest. ••••• Nun drücken Sie den Bauch wieder nach außen; halten Sie die Spannung fest. ••••• Ziehen Sie den Bauch noch einmal ein, und fühlen Sie die Spannung. •••••

Und entspannen Sie die Bauchmuskeln völlig. Die Spannung verschwindet, und die Entspannung wird immer tiefer. Jedesmal, wenn Sie ausatmen, beobachten Sie die rhythmische Entspannung in den Lungen und im Bauch. Beobachten Sie dabei, wie Brust und Bauch mehr und mehr entspannt sind. ••••• Versuchen Sie, alle Spannungen in Ihrem Körper zu lockern. •••••

Nun konzentrieren Sie sich auf den unteren Rücken. Wölben Sie den Rücken. Heben Sie das Gesäß von der Unterlage, und fühlen Sie die Spannung entlang der Wirbelsäule. •••••

Und legen Sie sich wieder bequem zurück, und entspannen Sie Ihr Kreuz. •••••

Heben Sie wieder Ihren Rücken, und beobachten Sie dabei die Spannung. Versuchen Sie, den übrigen Körper dabei so entspannt wie möglich zu halten. Versuchen Sie, die Spannung nur auf den unteren Teil des Rückens zu konzentrieren. •••••

Entspannen Sie sich wieder, entspannen Sie sich immer mehr. Entspannen Sie das Kreuz ••••• entspannen Sie den unteren Rücken ••••• entspannen Sie den oberen Rücken ••••• lassen Sie die Entspannung übergehen auf Bauch, Brust, Schultern, Arme und Gesicht. Diese Körperteile werden immer mehr entspannt, mehr und mehr, die Entspannung wird größer und tiefer. •••••

Entspannung der Lenden, Schenkel und Waden.
Danach: Vollkommene Körperentspannung

Lassen Sie ganz locker, und entspannen Sie sich. •••••

Nun spannen Sie das Gesäß und die Oberschenkel an, und spüren Sie die Spannung in den Schenkeln. Drücken Sie die Fersen so fest wie möglich herunter. •••••

Entspannen Sie sich, und beobachten Sie den Unterschied. •••••

Spannen Sie die Knie und die Muskeln der Schenkel noch einmal. Halten Sie die Spannung fest. •••••

Entspannen Sie Hüften und Beinmuskeln. Lassen Sie die Entspannung sich von selbst ausbreiten. •••••

Pressen Sie nun Füße und Zehen nach unten, weg vom Gesicht, so daß die Wadenmuskeln gespannt sind. Beobachten Sie diese Spannung. •••••

Entspannen Sie Füße und Waden. •••••

Beugen Sie diesmal die Füße in Richtung auf das Gesicht, so daß Sie am Schienbein Spannung verspüren. Bringen Sie die Zehen möglichst weit nach oben. •••••

Nun entspannen Sie wieder. Bleiben Sie für einige Zeit entspannt. ••••• Entspannen Sie sich weiter und weiter, über den ganzen Körper. Entspannen Sie Füße, Knöchel, Waden und Schienbeine, Knie, Beinmuskeln, Gesäß und Hüften. Beobachten Sie die Schwere des Unterkörpers, während Sie sich weiter entspannen. •••••

Dehnen Sie die Entspannung auf den Bauch aus, ••••• auf die Taille und das Kreuz. Lassen Sie sich immer mehr und mehr gehen. Fühlen Sie die Entspannung. Sie breitet sich immer weiter aus, über den oberen Rücken, Brust, Schultern und Arme ganz bis in die Fingerspitzen. Entspannen Sie sich immer tiefer. Versichern Sie sich, daß im Hals keine Spannung mehr ist; entspannen Sie den Nacken, die Kiefermuskeln und die gesamte Gesichtsmuskulatur. Lassen Sie für einige Zeit den Körper so entspannt. ••••• Entspannen Sie sich. •••••

Nun können Sie noch viel entspannter werden, indem Sie sehr tief einatmen und langsam ausatmen. Schließen Sie die Augen, so daß sie von den Gegenständen und Bewegungen ihrer Umgebung nicht gestört werden und so jegliche

Spannung von sich fernhalten; atmen Sie tief, und spüren Sie, wie Sie schwerer werden, atmen Sie lang und tief ein und dann ganz langsam aus. ••••• Fühlen Sie, wie schwer und entspannt Sie geworden sind. •••••

In einem Stadium völliger Entspannung fühlen Sie sich unwillig, auch nur einen Muskel Ihres Körpers zu bewegen. Denken Sie an die große Mühe, die es bereiten würde, wenn Sie den rechten Arm heben wollten. Während Sie über das Heben des rechten Armes nachdenken, beobachten Sie, ob sich irgendeine Spannung in die Schulter oder den Arm eingeschlichen hat. ••••• Nun entschließen Sie sich, den Arm nicht zu heben, sondern bleiben weiter entspannt. Beobachten Sie die Ruhe und das Verschwinden jeglicher Spannung. •••••

Entspannen Sie sich weiter und weiter. Wenn Sie den Wunsch haben, aufzuhören, zählen Sie rückwärts von 4 bis 1. Sie werden sich dann erholt und erfrischt fühlen, hellwach und ruhig.

Autogenes Training

Das Autogene Training (AT) nach dem Berliner Neurologen J. H. Schultz nimmt neben anderen Entspannungsverfahren eine bedeutende Stellung in Prävention und Rehabilitation ein. Sowohl in der Medizin als auch in der Psychologie gilt es als Methode der Wahl, wenn ein autohypnotischer Entspannungszustand erreicht werden soll.

Auch im Sport hat das Autogene Training viele Anhänger gefunden und ist – wenn man Yoga einmal außer acht läßt – in Europa als älteste psychoregulative Methode bekannt, um leistungsungünstige Erregungs- und Spannungszustände vor und während sportlicher Anforderungen abzubauen. Eine umfangreiche Literatur beschreibt die regenerationsfördernde und leistungssteigernde Wirkung, die direkt oder indirekt dem AT folgt. Sportartspezifische Abwandlungen des klassischen AT wurden ebenfalls mit Erfolg eingesetzt (z. B. Monus, 1977).

Kritik von Sportlern am Autogenen Training

Kritisiert wird das AT von Sportlern und Trainern vor allem aus zwei Gründen: zum einen wegen des außerordentlich langwierigen Lernprozesses und zweitens wegen der Tatsache, daß das AT keine aktivierende Komponente beinhalte und sich somit in der unmittelbaren Wettkampfvorbereitung nicht zweckentsprechend anwenden lasse. Insbesondere die Kritik an der Dauer des Lernprozesses scheint nachvollziehbar: Um die Grundstufe des AT nach Schultz (1987) wirklich zu beherrschen und jederzeit problemlos einsetzen zu können, muß mit einem Zeitaufwand von 12 bis 24 Wochen gerechnet werden. Dabei sollte zwei- bis dreimal täglich, möglichst zur gleichen Zeit geübt werden. Wenn man jedoch bedenkt, daß anfängliche Übungen lediglich 1 bis 3 Minuten dauern (später bis circa 20 Minuten), so ist die investierte reine Übungszeit kaum eine Belastung. Wenn man sich darüber hinaus vergegenwärtigt, wieviel Zeit und Energie in kleinste Technikumstellungen gesteckt werden und wie bedeutsam demgegenüber die Effekte dieser Entspannungstechnik sein können, ist der Gesamtauf-

wand bei nüchterner Betrachtung und bei günstiger Integration in den Tages- und Trainingsablauf durchaus akzeptabel.
Nach den Erfahrungen von KNAB (1985) erlernen Sportler, insbesondere Leistungssportler, das AT überdurchschnittlich schnell.
VAITL (1977) faßt die nachgewiesenen psycho-physischen Entspannungseffekte des Autogenen Trainings zusammen. Als primäre physiologische Wirkungen nennt er die Senkung der Muskelspannung, eine Gefäßerweiterung mit resultierender Blutdrucksenkung und die Atemregulation. Durch die Verwendung von zielgerichteten Formeln stabilisiert sich der Ruhigstellungseffekt (und in Folge dessen auch die physiologischen Veränderungen), indem die Aufmerksamkeit nach innen gewendet und störende Außenreize gedämpft werden.

Einsatz des AT während der Rehabilitation

AT kann auch in der Rehabilitation nach Sportverletzungen gelernt und eingesetzt werden, um durch seine primären Wirkungen Einfluß auf eine ausgeglichene (genesungsförderliche) Gesamtbefindlichkeit des Rehabilitanden zu nehmen. Entspannungsfähigkeit, effektive Regeneration nach Übungen und erhöhte körperliche Leistungsfähigkeit in den beiden letzten Rehabilitationsphasen sind häufig beobachtete Effekte bei Rehabilitanden, die das AT anwenden.
Besonders zu empfehlen ist das AT zur Schmerzbehandlung und -bewältigung (außer bei Kopfschmerzen!) während kritischer Phasen der Rehabilitation. Auch wenn Schmerzen in der Phase des Wiedereinstiegs in das Wettkampfgeschehen auftreten, ist das AT indiziert.
Erhöhte Leistungsfähigkeit und Schmerzbewältigung müssen jedoch nicht in jedem Fall rehabilitationsförderlich sein: Der noch geschwächte Körper darf nicht überstrapaziert werden, zumal Schmerzen in erster Linie als Warnsignal verstanden werden müssen. Bei regelmäßigen Kontakten mit dem behandelnden Arzt sollten mögliche Gefahren abgeklärt werden.

»Historie« des AT

Der Ursprung des AT liegt in der Schlaf- und Hypnoseforschung. SCHULTZ begann im ersten Jahrzehnt des 20. Jahrhunderts mit Untersuchungen über Hypnose und beobachtete, daß Teilnehmer seiner Kurse zu Beginn der Hypnose über ein Gefühl der Entspannung, von Wärme und Schwere berichteten. Er schloß daraus, daß es möglich sein müsse, die Personen gleich an diese Empfindungen denken zu lassen und somit einen hypnotischen Zustand zu erreichen. Er ließ seine Patienten zunächst an Schwere in den Gliedern denken, dann stellten sie sich ein Gefühl von Wärme in den Extremitäten vor. Wenn diese Effekte erlebt wurden, kam die Konzentration auf die Atmung und auf das Herz hinzu. Aufgrund der entspannenden Wirkung von warmen Bädern und leichten Kompressen auf der Stirn bei erregten Patienten ließ SCHULTZ an Wärme in der Bauchgegend denken und das Gefühl der Stirnkühle vorstellen.
Aus diesen Schritten entstanden die 6 Übungen der Grundstufe des AT:

Grundstufe des AT

1. Schwereübung (Muskelentspannung)
2. Wärmeübung (Blutgefäßentspannung)
3. Herzübung
4. Atemübung
5. Sonnengeflechtsübung (Bauchorganregulierung)
6. Stirnkühleübung (Einstellung des Kopfgebiets)

Diese Übungen sollen die Umschaltung des Organismus in einen konzentrativen Entspannungszustand (Abbildung 27) ermöglichen.

Abbildung 27
Umschaltvorgang beim Autogenen Training

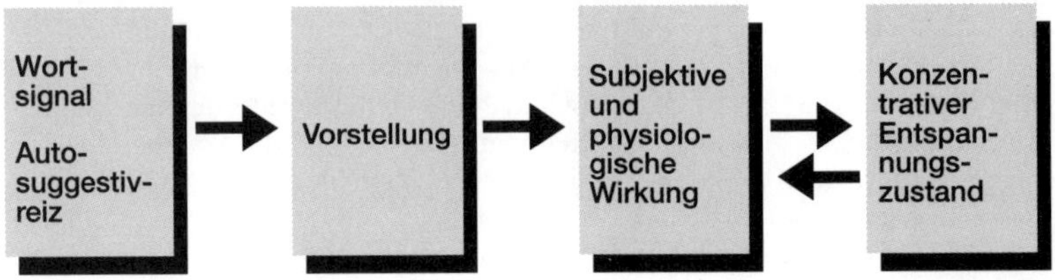

Tabelle 2
Übersicht Autogenes Training (Unterstufe). Auszugsweise nach LINDEMANN (1975)

Übungsart	Übungsformel	Hauptwirkung
Schwereübung	»Der rechte (linke) Arm ist ganz schwer.«	Muskelentspannung; allgemeine Beruhigung
Wärmeübung	»Der rechte (linke) Arm ist ganz warm.«	Entspannung der Blutgefäße; Beruhigung
Herzübung	»Herz schlägt ruhig und kräftig.«	Herzregulierung; Beruhigung
Atemübung	»Atmung ist ganz ruhig, ganz regelmäßig.«	Harmonisierung und Passivierung der Atmung; Beruhigung
Sonnengeflechtsübung	»Sonnengeflecht ist strömend warm.«	Entspannung und Harmonisierung aller Bauchorgane; Beruhigung
Stirnkühleübung	»Stirn ist angenehm kühl.«	Kühler, klarer Kopf; Entspannung der Blutgefäße im Kopfgebiet; Beruhigung

Beispiele für Übungsformeln und die Wirkungen der jeweiligen Übungsart stellt Tabelle 2 in einer Übersicht zusammen. Die Übungsformeln werden teilweise individuell von den Übenden oder – bei Gruppenkursen – durch die Kursleiter leicht verändert beziehungsweise ergänzt.
Es bestehen unterschiedliche Auffassungen darüber, ob eine Ruheübung (»Ich bin ganz ruhig.«) allen Übungen vorangestellt werden sollte oder nicht. KRAFT (1989) weist darauf hin, daß der Einsatz der *Ruhetönung* als vorangestellte Übung bei unruhigen Teilnehmern Widerstände hervorrufen kann, so daß sie sich »kribbeliger« fühlen. Besser erscheint es daher, die Ruhe als eine Art Motto für das AT vor den Übungen auszugeben. Nach KRAFT kann die Ruhetönung mit den Worten »Ruhe kommt von selbst« erstmalig nach der Schwereübung sowie im folgenden zwischen den einzelnen Übungen verwendet werden.
Etliche Autoren und Kursleiter (vgl. z. B. KRAFT, 1989) haben zwischenzeitlich eine Umstellung vorgenommen: Sie führen die Atemübung im Gegensatz zu

SCHULTZ als dritte Übung, also nach der Wärmeübung durch. Dies erscheint aus mehreren Gründen plausibel, insbesondere deshalb, weil die Atmung im Anschluß an die Schwere- und Wärmeübung bereits gleichmäßig ist und nur noch ein bewußtes Sich-Einlassen auf diesen Rhythmus stattfinden muß.

Neben der Grundstufe des AT gibt es auch eine psychoanalytisch orientierte Oberstufe. Sie ist nicht als höhere Stufe des AT zu verstehen, sondern als Zweig, der sich auf der Basis der Psychoanalyse nach FREUD unter anderem den Tagträumen widmet. Wenn in der Literatur ohne weitere Hinweise von Effekten des AT berichtet wird, so beziehen sie sich beinahe ausschließlich auf die Grundstufe. Die Oberstufe des AT findet auch hier keine weitere Beachtung.

Oberstufe des AT

Praxis des Autogenen Trainings

Das Autogene Training wird in verschiedenen Formen und mit verschiedenen Varianten angeboten. Es kann allein (unter Zuhilfenahme eines Übungshefts, mit einer Fachkraft oder mit Tonträger) oder in der Gruppe erlernt und geübt werden. Prinzipiell ist es empfehlenswert, sich einer Gruppe anzuschließen, die sich regelmäßig trifft, Erfahrungen mit den zwischenzeitlich allein durchgeführten Übungen austauscht und den jeweils nächsten Übungsabschnitt gemeinsam angeht.

Es mag vielerlei Gründe geben, warum das nicht immer möglich ist. Daher wird im folgenden das AT auf der Basis von SCHULTZ (1987) so dargestellt, daß es für Rehabilitanden möglich ist, es allein einzuüben (circa 6 bis 7 Wochen). Danach sollte jedoch ein Kurs »Autogenes Training für Fortgeschrittene« besucht oder mit anderer Unterstützung weitergeübt werden. Seine Wirksamkeit entfaltet das AT bereits in der Lernphase. Es ist damit ab dem ersten Tag des Einübens ein Gewinn für den Anwender. Wird das Training während der Rehabilitation begonnen, sollte es auch nach der Genesung fortgeführt werden.

Im Rahmen dieser Publikation ist es nicht möglich, auf Besonderheiten und eventuell auftretende Störungen einzugehen (vgl. hierzu z. B. KRAFT, 1989). Zur Abklärung aller Eventualitäten sollte der behandelnde Mediziner vor dem Einsatz des AT unterrichtet werden.

Erste Grundvoraussetzung in den Anfangswochen des AT ist die Reduzierung störender Außenreize (Lärm oder sonstige Ablenkungen). Während AT-Anfänger sich unter Umständen in einen ruhigen, störungsfreien Raum zurückziehen müssen, sind geübte Anwender des AT in der Lage, die Umwelt und die damit verbundenen Störungen mental auszugrenzen.

Bedingungen für Anfänger

Die zweite Bedingung ist die Akzeptanz einer entspannten Übungshaltung (vgl. S. 65f.), die in der ersten Zeit jedesmal eingenommen wird; später kann und sollte zwischen den Einheiten auch gewechselt werden.

Die wichtigste Bedingung ist jedoch das konsequente Üben (ohne es zu übertreiben). Anfänger sollten die einzelnen Übungen auf circa 1 bis 3 Minuten begrenzen. In späteren Stadien fällt diese Begrenzung zugunsten der eigenen Entscheidung weg (solange man sich wohlfühlt).

Das im folgenden dargestellte AT wird im Wochenrhythmus vorgeschlagen, das heißt, an eine Übung wird erst nach einer Woche die nächste angehängt und so weiter. Mit jeder Woche wird die AT-Einheit ausführlicher (Tabelle 3).

Tabelle 3 Übungseinheiten des Autogenen Trainings im Wochenrhythmus

Woche	Übung(en)
1	Schwereübung
2	Schwereübung + Wärmeübung
3	Schwereübung + Wärmeübung + Atemübung
4	Schwereübung + Wärmeübung + Atemübung + Herzübung
5	Schwereübung + Wärmeübung + Atemübung + Herzübung + Sonnengeflechtsübung
6 ...	Schwereübung + Wärmeübung + Atemübung + Herzübung + Sonnengeflechtsübung + Stirnkühleübung ...

Wenn Übende nach einer Woche noch nicht das Gefühl haben, die neue Übung zu beherrschen, sollten sie noch keine weitere hinzunehmen, sondern vielmehr so lange weitertrainieren, bis die entsprechende Übung klappt. Erst dann kann versucht werden, den vorgeschlagenen Wochenrhythmus wieder aufzunehmen.

Das AT nimmt seinen Ausgang von den Bewegungsmuskeln, weil sie dem Menschen am vertrautesten und seiner Kontrolle am meisten unterstellt sind. Daher wird zunächst mit der Schwereübung, also der Muskelentspannung begonnen.

Achtung! Wird das AT auch *vor dem Schlafengehen* geübt, ist es empfehlenswert, die Übungen nicht aktiv durch die Zurücknahme (siehe Schwereübung) zu beenden, da es sonst zu Schlafstörungen kommen kann.

1. Schwereübung

Sie dient zur Entspannung der Muskulatur. Eine entspannte Muskulatur wird als schwer wahrgenommen, da man die Konzentration auf die Eigenschwere des Körpers richtet. Die Übung wird mit einer Extremität, dem sogenannten Arbeitsarm (Rechtshänder/Linkshänder), begonnen.

Die Augen werden geschlossen und man sagt sich innerlich ohne irgendeine Bewegung fünf- bis sechsmal:
»Der rechte (linke) Arm ist ganz schwer.«

In der Ellenbogen- und Unterarmgegend könnte sich bald eine deutliche Schwereempfindung einstellen.

Das Üben schließt nach circa ½ bis 1 Minute mit dem *Zurücknehmen*, das genauso geübt werden muß:

- Der Arm wird mehrmals gebeugt und gestreckt
- Es wird tief ein- und ausgeatmet.
- Die Augen werden geöffnet.

Auch hierzu sagt man sich innerlich eine Formel (energisch):
»Arm fest! Tief atmen! Augen auf!«

Das Zurücknehmen erfolgt auch, wenn beim Üben keine Wirkung vernommen wurde. Das gesamte Vorgehen wird dann noch einmal wiederholt. In der ersten Woche sollte zwei- bis dreimal am Tag das gesamte Verfahren geübt werden.

Gegen Ende der ersten Übungswoche wird das Schweregefühl im Übungsarm immer deutlicher und tritt immer schneller ein. Zugleich wird es auch in anderen Gliedmaßen (obwohl sie in der Formel nicht direkt angesprochen werden) spürbar. Für manche Personen kann es auch leichter sein, die Übungsformel von Anfang an auf beide Arme zu beziehen *(»Beide Arme sind ganz schwer«)*. Diese Formel kann für die Ausbreitung des Entspannungseffekts ebenfalls verwendet werden. Auch die Beine können gesondert angesprochen werden.
Nach der ersten Woche wird die Übungszeit bis auf das Doppelte verlängert, die zweite Übung eingeführt und an die Schwereübung angehängt. Von nun an sollte sich die Übungsformel in jedem Fall auf beide Arme beziehen.

2. Wärmeübung
Sie dient der Erweiterung der Gefäße, wie sie bei einem ausgeglichenen psychophysischen Zustand normal ist. Während verengte Gefäße – besonders gut wahrnehmbar an Händen und Füßen – zu einem Kälteempfinden führen, hat die Weiterstellung der Gefäße eine Verbesserung der Durchblutung und ein damit verbundendes Wärmegefühl zur Folge. Weite Gefäße sind ein physiologisches Korrelat der (psychologischen) Entspannung. Da ein warmer Kopf nicht als angenehm empfunden wird, wird er in dieser Übung ausgenommen.

Ist also die Schwereübung gut erarbeitet, lautet die (gedachte) Übungsformel zur Vorstellung der Erlebnisse für die nächste Woche nun:
»Die Arme und Beine sind ganz schwer.«
»Der rechte (linke) Arm ist ganz warm.«
Die Formel sollte fünf- bis sechsmal innerlich vorgesagt und dabei die entsprechende Vorstellung aufgebaut werden.
Weiterhin sollte die Häufigkeit bei zwei- bis dreimal pro Tag liegen.
Wird der Kopfbereich zu warm, kann als Formel (Kraft, 1989) verwendet werden:
»Kopf bleibt leicht und frei.«
Zum Schluß jeder Übung folgt wieder das Zurücknehmen:
»Arme fest! Tief atmen! Augen auf!«

3. Atemübung
Durch die ersten beiden Übungen ist es mittlerweile zu einer gleichmäßigen Atmung gekommen. Die Atemübung ist eine passive Trainingsform. Man konzentriert sich auf einen vorhandenen physiologischen Zustand, um sein Ruhe- und Entspannungsgefühl zu vertiefen.

Bei jeder Übung wird zunächst das Schwere- und Wärmegefühl aufgebaut, es schließt sich die Formel an:
»Atmung ist ganz ruhig, ganz regelmäßig.«
Abschließendes Zurücknehmen nach jeder Übungseinheit.

4. Herzübung
Auch bei der Herzübung ist das passive Erleben der Herztätigkeit von Bedeu-

tung. Auf keinen Fall sollte versucht werden, die Frequenz des Herzschlags bewußt zu verändern.

Können Schwere, Wärme und Atmung in der Zielstellung des AT erlebt werden, erweitert sich das Vorgehen durch die Formel:
»Herz schlägt ruhig und kräftig.«

Das Zusammenspiel von Atem- und Herzübung bereitet unter Umständen Schwierigkeiten, da Atemfrequenz und Herzübung nicht koordinierbar sind. Dann muß die Herzübung zurückgestellt werden, so daß es zu einer verbesserten Automatisierung der Atmung kommen kann.
Abschließendes Zurücknehmen nach jeder Übungseinheit.

5. Sonnengeflechtsübung
Die menschlichen Bauchorgane werden im Alltag immer wieder zu psychosomatischen »Ventilen« für Emotionen (umgangssprachlich: »Es schlägt mir auf den Magen«, »Mir läuft die Galle über« u. ä.). Die Sonnengeflechtsübung (Plexus solaris = anatomische Bezeichnung der Körperstelle zwischen Nabel und unterem Ende des Brustbeins) konzentriert sich auf die vegetativen Zentren im Bauchraum. Dabei wird vor allem die Darmmotilität angeregt – ebenfalls ein Zeichen der Entspannung. Hinzu kommt in der Regel ein Gefühl der inneren Leibwärme – die Sonnengeflechtsübung ist daher auch als eine fokussierende Wärmeübung zu verstehen.

Nach Schwere, Wärme, Atem- und Herzeinstellung wird nun in dieser Übungswoche die Formel:
»Sonnengeflecht ist strömend warm.«
zusätzlich eingeführt.

Als Trainingsziel dieser Übung gilt die Vorstellung, sich in den Zustand einer strömenden Leibwärme zu versetzen.
Abschließendes Zurücknehmen.

6. Stirnkühleübung
Unangenehme Erfahrungen werden – den Kopf betreffend – meist mit zu starken Wärmeempfindungen in Verbindung gebracht (Hitzkopf). Demgegenüber stehen Aussagen, wie »einen kühlen Kopf bewahren«.
Da der Kopf nach der Durchführung der fünf vorangegangenen Übungen wegen der bewußten Ausgrenzung innerhalb der Wärmeempfindung bereits vergleichsweise kühler als der übrige Körper ist, dient diese Übung lediglich der Bewußtmachung dieses als sehr angenehm, erfrischend und konzentrationsfördernd empfundenen Zustands.

Die Übungsformel, die nur zwei- bis dreimal wiederholt werden sollte, lautet:
»Stirn ist angenehm kühl.«

In dieser Woche wird nun die Übungsformel mit den entsprechenden Vorstellungen jeweils – nachdem alle anderen Empfindungen eingeleitet wurden – als letzte Übung angehängt. Dann Zurücknehmen.

Durch die Stirnkühleübung sind in einigen Fällen schon *Schlafstörungen* beobachtet worden, so daß diese Übung unmittelbar vor dem Schlafengehen nicht zu empfehlen ist.

Achtung!

Nach 6 bis 7 Wochen (Netto-Übungszeit insgesamt: 12 bis 15 Stunden) sind alle generalisierenden Übungen der Unterstufe vermittelt. Die Formeln der gesamten Übungseinheit lauten nun:

»Arme und Beine sind ganz schwer.«
»Arme und Beine sind ganz warm.«
»Atmung ist ganz ruhig, ganz regelmäßig.«
»Herz schlägt ruhig und kräftig.«
»Sonnengeflecht ist strömend warm.«
»Stirn ist angenehm kühl.«
(Dann Zurücknehmen: *»Arme fest! Tief atmen! Augen auf!«*)

Auf dieser Basis sollte nun in der Folgezeit weitertrainiert werden. Optimal wären zweimal täglich circa 10 bis 15 Minuten beziehungsweise solange man sich wohlfühlt.

Nach weiteren Wochen der Übung verkürzt sich dann die Formel auf:

»Schwere – Wärme – Atmung – Herz ruhig – Sonnengeflecht warm – Stirn kühl.«

Innerhalb kürzester Zeit kann nun in beinahe jeder Situation ein intensives Entspannungsgefühl erlebt werden. Durch die gründliche Art des Lernens verliert man diese Fertigkeit nicht mehr. Vergehen aber einmal viele Wochen und Monate zwischen zwei AT-Übungen, ist es von Vorteil, sich nochmals alle Formeln ausführlich und intensiv zu vergegenwärtigen.

Apparative Verfahren

Aktivationsregulation mittels apparativer Verfahren zu erlernen und zu gestalten, ist für viele Anwender, die nicht eines der klassischen Entspannungsverfahren erlernen können oder wollen, eine Alternative. Die beiden hier dargestellten Verfahren unterscheiden sich in ihrem Vorgehen und ihrer Zielstellung grundlegend: Das Biofeedback dient der Erleichterung und Unterstützung, um Entspannung zu erlernen (z. B. mit den klassischen Verfahren), apparative Mentalsysteme hingegen sind selbst die Methode. In letzteren bleibt der Anwender passiv, ein Entspannungs-Lerneffekt ist nur bedingt zu erwarten.

Biofeedback-Training

Das bekannteste apparategestützte Psychoregulationsverfahren ist das Biofeedback. Es bezeichnet eine Gruppe von Behandlungsverfahren, deren Ziel darin besteht, Personen das Erlernen der Kontrolle über (inadäquate oder gestörte) physiologische Körperfunktionen zu ermöglichen. Das Prinzip ist die eigene Beeinflussung sichtbar gemachter und rückgemeldeter physiologischer Prozesse.

Vor allem in den 70er und 80er Jahren waren umfangreiche Forschungsbemühungen in Europa und den Vereinigten Staaten zu verzeichnen, um die Wirksamkeit und die Einsatzmöglichkeiten dieses Verfahrens abzuklären. Eine der Optionen mit nachweislich positiven Effekten ist der Einsatz zum Erlernen, Aufrechterhalten oder Optimieren der Entspannungsfähigkeit. Weitere Anwendungsmöglichkeiten und Ergebnisse ihrer wissenschaftlichen Überprüfung finden interessierte Leser zum Beispiel im Standardwerk von KRÖNER und SACHSE (1981) oder bei MILTNER, BIRBAUMER und GERBER (1986).

Anwendung des Biofeedback

Biofeedback-Geräte variieren in Größe, Form, Anwendungsoptionen und Meßgenauigkeit. Abbildung 28 zeigt ein EMG-Feedback (vgl. S. 88) während einer Übungseinheit.

Abbildung 28
Frontalis EMG-Biofeedback
Foto: Maus-Elektronik, Ludwigshafen

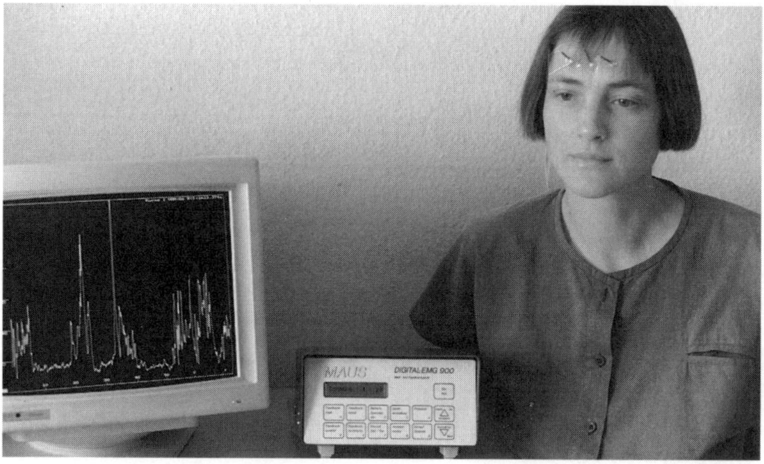

Für den Sport und in Rehabilitationsprozessen von Sportlern hat sich Biofeedback vielfältig bewährt (CHRISTEN, 1985). Im sportlichen Trainings- und Wettkampfalltag dient es dem Erlernen, Aufrechterhalten und Optimieren der Entspannungsfähigkeit und damit unter anderem der Wettkampfvorbereitung. Auch Erholungs- und Regenerationsprozesse können mittels Biofeedback eingeleitet, trainiert, intensiviert und beschleunigt werden.
Die Erfahrungen in der sportpsychologischen Praxis sind durchgehend positiv, wenn vor dem Einsatz des Biofeedback-Trainings die Einstellung des Athleten zu dem apparativen Verfahren abgeklärt wurde. Motivierend wirkt auf die Trainierenden die Möglichkeit, psychologische Prozesse und ihre Veränderungen objektiv zu beobachten. Dadurch ist auch ein Fort- oder Rückschritt im Entspannungserleben nicht nur spürbar, sondern auch belegbar.

Ein Judoka brachte im Verlauf des Biofeedback-Trainings mit den Autoren seine Gedanken und seine Motivation zum Ausdruck, als er sagte: »Der

Maschine zeig ich es! Bis nächste Woche steigere (im Sinne von Verbesserung; Anm. der Autoren) ich meine Werte nochmals und trainiere konsequent die Entspannung.«

Es ist zwar nicht angezielt, gerade die Entspannung »leisten« zu wollen; wenn sie aber wie in diesem Fall vor allem der Motivation des konsequenten Übens dient, kann es nur förderlich sein.
Christen (1987) weist darauf hin, daß es möglich ist, den physiologischen Erregungsaufwand, der zur Erbringung einer Leistung erforderlich ist, zu reduzieren. Sowohl im Bereich der muskulären Aktivierung als auch des Herz-Kreislauf-Systems kann dies bedeuten, daß unmittelbar Einfluß auf die Aufwand-Effekt-Relation genommen werden kann. Gleiche Leistungen können durch Vermeiden von Erregungsüberschüssen mit individuell weniger Aufwand erbracht werden. Folglich können damit auch Leistungsreserven geschaffen und aktiviert werden. Er schränkt jedoch ein, daß dies nur mit einer aufwendig betriebenen telemetrischen Feedback-Technologie umsetzbar sei.

Einsatz des Biofeedbacks während der Rehabilitation

Innerhalb der Rehabilitation verletzter Sportler bietet sich das Biofeedback ebenso wie im sportlichen Alltag als Einstiegs-, Unterstützungs- und Optimierungshilfe für Entspannungstechniken an, wodurch dann rehabilitationshinderliche negative Emotionen und Schmerzen gemildert und verhindert werden können. Einhergehende Störungen im Herz-Kreislauf-System sind ebenfalls behandelbar. Seine besonderen Einsatzmöglichkeiten entfaltet das Verfahren aber in der neuromuskulären Rehabilitation, wobei verletzte Körperteile gezielt in Richtung Entspannung oder Aktivierung angesprochen werden. So kann beispielsweise auch einer Muskelatrophie (Muskelschwund) während der Bettlägerigkeit entgegengewirkt werden.
Zur Regeneration einzelner Muskelgruppen oder des Gesamtorganismus nach besonders intensiven Einheiten im Aufbautraining oder im Verlauf der weiteren Rehabilitation leistet das Biofeedback wertvolle Unterstützung.
Rehabilitanden, die sich mit Mentalem Training auf ihren sportlichen Alltag vorbereiten, können das Biofeedback nicht nur zur Erlangung eines günstigen Aktivationsniveaus einsetzen, sondern auch die Intensität und Effektivität des Trainings überprüfen. So ist es in der Praxis immer wieder interessant zu beobachten, wie es Athleten mit steigender Erfahrung im Mentalen Training gelingt, sich intensiv in die Realsituation zu versetzen. Beeindruckend verändern sich dann die Aktivierungsindikatoren des Biofeedbacks bei schwierigen oder problematischen Vorstellungsinhalten in Richtung Anspannung. Es lassen sich anhand der Indikatorreaktionen z. B. Streckenverläufe spezieller Skiabfahrten buchstäblich nachvollziehen. Wenn Rennläufer in Gedanken am Start stehen oder zu einem gefährlichen Sprung ansetzen, reagieren sie auch physiologisch mit Anspannung, was sich bei PC-Kopplung des Biofeedbacks am Bildschirm oder auf dem Ausdruck nachvollziehen läßt.
Im Falle einer notwendigen »Systematischen Desensibilisierung« (vgl. S. 141f.) oder anderer verhaltenstherapeutischer Techniken zur Milderung massiver Ängste und Panikattacken als Folge eines Sportunfalls kann Biofeedback als wichtiges Hilfsmittel in der Behandlung dienen. Neben der Unterstützung zum Erreichen

des Entspannungszustands signalisiert es auch, wenn das Training ineffektiv geworden ist, weil das notwendige Entspannungsniveau nicht mehr vorliegt.
Von allen übrigen Verfahren unterscheidet sich das Biofeedback dadurch, daß es unmittelbar an den physiologischen Begleiterscheinungen einer inadäquaten Aktivierung oder Erregung ansetzt. Dabei werden ein oder mehrere physiologische Indikatoren, wie z. B. die Muskelspannung, die Aktivität der Schweißdrüsen, die Atmung oder die periphere Temperatur (an einem Finger), mit Hilfe von Elektroden abgeleitet.

Physiologische Indikatoren

Übereinstimmend wird die *Muskelspannungsrückmeldung* (Elektromyogramm, EMG-Biofeedback) als besonders valides und bei vielen Personen günstiges Verfahren angesehen (BIRBAUMER, 1978). In der sportpsychologischen Praxis hat sich auch die *Rückmeldung der Hautleitfähigkeit* (Elektrodermale Aktivität, EDA-Biofeedback) als effektive und ökonomische Methode bewährt.
Der jeweils ausgesuchte Indikator (vornehmlich der, bei dem die Person am besten anspricht) wird verstärkt, gewandelt und kontinuierlich als Biosignal für den Anwender rückgemeldet. Dies kann als Lichtsignal oder als Ton der Fall sein, so daß man beispielsweise anhand einer Lichtleiste erkennen kann, ob das Aktivationsniveau gesteigert oder gesenkt wurde oder ob es gleichgeblieben ist. Bei Kopplung des Biofeedback-Geräts mit einem Computer können bei Benutzung entsprechender Software alle Verläufe der einzelnen Indikatoren parallel über die Zeit betrachtet werden.
Durch Biofeedback-Training kommt es in der Regel zu deutlich erhöhter Sensibilität für physiologische Funktionen und somit zur Möglichkeit, sie in Richtung des gewünschten Zustands zu verändern. Es ist jedoch ein Trugschluß zu glauben, man könne autonome Funktionen, wie etwa die Hautleitfähigkeit oder die Herztätigkeit, mit Hilfe des Biofeedbacks unter Willkürkontrolle bringen. Auch wenn es für den Anwender so scheint – die tatsächliche Wirkungsweise ist eine andere. Die Diskussion darüber spaltet die Wissenschaftler in zwei Lager:

Wissenschaftliche Diskussion

- Einerseits die Vertreter des sogenannten lernpsychologischen Ansatzes, die davon ausgehen, daß man die physiologische Reaktion lernt, weil das Feedbacksignal damit gekoppelt ist und lernverstärkende Funktion ausübt. Dabei erhöht sich die Wahrscheinlichkeit für das Auftreten einer Reaktion, wenn ihr ein verstärkender Reiz folgt oder mit ihr einhergeht. Das im Sinne der gewünschten Richtung erhaltene Biosignal wird somit als Belohnung (Verstärkung) betrachtet, da es einen Fortschritt oder eine Zielerreichung vermittelt.
- Diese Erklärung sehen Anhänger des Selbstregulations-Ansatzes als unzureichend an. Ihres Erachtens wirken die Feedbackreize nicht als Verstärker, sondern sie sind lediglich Informationsträger für den Trainierenden. Diese – nur über Biofeedback – zugänglichen Informationen dienen als Ausgangspunkt für die Einleitung verschiedener Interventionsstrategien, mit deren Hilfe die Selbstkontrolle über physiologische Prozesse erreicht werden soll.

Aufgrund praktischer Erfahrungen, theoretischer Kenntnisse und von Rücksprachen mit Anwendern neigen die Autoren dieses Buches zu der Überzeugung, daß die Wirkungsweise des Entspannungs-Biofeedback-Trainings auf einem kombi-

nierten Effekt beider Ansätze beruht. Die durch das Biofeedback-Training erkennbaren physiologischen Zustände und Veränderungen gehen mit anderen psychologischen Prozessen einher. So wird beispielsweise die Aufmerksamkeit verändert (nach innen gerichtet, Störreize werden ausgeblendet), bewußte oder unbewußte innere Bilder sowie Selbstinstruktionen mit entspannendem Charakter werden aufgebaut. Diese psychologischen Prozesse treten für den Anwender parallel zu den physiologischen Reaktionen (beziehungsweise zu den Feedbacksignalen) auf, sie werden dadurch verstärkt. Die in der Regel nicht zu erkennende Einflußmöglichkeit besteht nun darin, über weiteren stabilen Aufbau entspannungsförderlicher psychologischer Prozesse körpereigene physiologische Prozesse in die gewünschte Richtung zu verändern. Für den Nutzer sieht es jedoch so aus, als ob er direkt auch physiologisch-autonome Prozesse verändern könnte.
Das Biofeedback-Gerät selbst ist nur der Vermittler des Aktivationsniveaus. Die Technik, mit der sich Personen entspannen oder ihre Erregung zumindest kontrollieren, bleibt jedem selbst überlassen. Es bietet sich an, eine der klassischen Entspannungstechniken (Autogenes Training, Progressive Muskelentspannung) vor der Aufnahme des Biofeedback-Trainings zu erlernen.

Achtung!

Trotz der vorliegenden positiven Befunde und Erfahrungen ist vor möglichen Risiken durch unsachgemäße Anwendung und unzulängliche Geräte zu warnen, da beispielsweise die Gefahr einer Übersensibilisierung für einzelne physiologische Reaktionen besteht. Bei unsachgemäßer Anwendung können sich Reaktionen sogar gänzlich umkehren: Statt der angezielten Entspannung resultiert dann möglicherweise erhöhte Aktivierung.
Um auch wirklich ein Biofeedback-Training durchführen zu können, müssen die Messungen der Apparate verläßlich sein. Preiswerte Geräte sind auf relative Meßgenauigkeit besonders kritisch zu überprüfen.
Biofeedback-Training kann prinzipiell in Eigenregie durchgeführt werden. Fachliche Hilfe – durch Psychologen oder Sportpsychologen mit Biofeedback-Erfahrungen – in Anspruch zu nehmen, ist vor allem in der Anfangsphase des Biofeedback-Trainings anzuraten. Auch mögliche Kaufentscheidungen sollten erst nach Rücksprache mit objektiven, kompetenten Personen getroffen werden.
Die vielfältigen Vorgehensweisen und Anwendungsmöglichkeiten im Biofeedback-Training lassen es nicht zu, an dieser Stelle umfassende praktische Anleitungen zu geben. Exemplarisch werden im folgenden Voraussetzungen und Ablauf einer Trainingseinheit zur Entspannung mit dem Frontalis-EMG-Feedback (Ableitung am Stirnmuskel) vorgestellt, wie es häufig im Rahmen der Rehabilitation verletzter Athleten eingesetzt wird. Diese Ableitung wird als besonders repräsentativ für die gesamte psycho-physische Spannungslage angesehen.

Beispiel: Training mit dem Frontalis-EMG-Feedback

Ein Rehabilitand, der zuvor schon mehrmals mit dem Biofeedback-Gerät gearbeitet hat, befestigt zwei Meßelektroden über den Augen, circa zwei bis drei Zentimeter oberhalb der Brauen. Eine Referenzelektrode wird dazwischen oberhalb der Nasenwurzel plaziert. Die Elektroden sind über dünne Kabel mit dem Gerät verbunden.
Störungen durch andere Personen oder laute Geräusche sollten unterbleiben. Sitz- oder Liegehaltung ist angebracht. Nach Abschluß der Vorbereitungen wird

das Gerät entweder auf das aktuelle oder auf das bisherige mittlere Spannungsniveau (z. B. gemessen in Mikrovolt) individuell eingeregelt. Im zweiten Fall bildet dieser Wert die Soll-Lage. Veränderungen dieser Soll-Lage werden durch das akustische Signal, das der Sportler über Kopfhörer erhält, angezeigt. Bei den meisten Geräten hört sich ein in entspannter Lage angenehmer Ton mit der Veränderung heller an.
Der Rehabilitand hat dann die Aufgabe, diesen hellen Ton durch entgegensteuernde Entspannung wieder in den angenehmen Ton zu überführen und diesen dann aufrechtzuerhalten. Manche Geräte sehen auch vor, unter Entspannung keinerlei Töne zu vermitteln.
Ziel des Trainings kann es auch sein, die aktuelle Aktivationslage auf ein zuvor festgelegtes Niveau zu senken und dieses über eine bestimmte Zeit (z. B. 10 Minuten) zu halten. Dieses Verfahren ist vor allem beim Einsatz der Hautleitfähigkeit sinnvoll, da das aktuelle vom mittleren Niveau aufgrund verschiedener Einflüsse (z. B. Luftfeuchtigkeit) erheblich abweichen kann.

Regelmäßiges Trainieren

In beiden Fällen sollten Rehabilitanden mindestens zweimal wöchentlich – am besten täglich – über einen Zeitraum von circa 2 Monaten trainieren, so daß dann ohne Probleme ein stabiles Entspannungsniveau erreicht werden kann. Die Anwendung mentaler Entspannungsbilder kann dem Rehabilitanden das Training erleichtern.
Die Trainingsdauer richtet sich nach der Häufigkeit. Bei täglichem Einsatz genügen erfahrungsgemäß 10 bis 20 Minuten. Bei konsequentem Trainingseinsatz treten über die Zeit des Trainierens hinausgehende Effekte schon nach wenigen Übungen auf.

Apparative Mentalsysteme

Unter Markenbezeichnungen wie »Brain-Machine« oder »Mind-Machine« wurden erstmals in den 80er Jahren *Apparate zur Psychoregulation* angeboten, die eine elektrische, akustische oder optische Reizung auf die physiologische Gehirnaktivität ausüben. Sie sollen – nach Angaben der Hersteller – ohne Lernaufwand ihre Wirkung erzielen und im Vergleich mit psychologischen Techniken schneller den gewünschten Zustand »erzeugen«. Der passive Anwender kann – gesellschaftlich akzeptiert – auf dem neuesten Stand der Technik seine Psyche in verschiedene Richtungen regulieren. Einer der möglichen Zielzustände ist die Entspannung.
In der sportpsychologischen Praxis begegnet man gelegentlich Athleten, die diese Systeme einsetzen. Manche verwenden sie regelmäßig mehrmals in der Woche, andere ausschließlich vor speziellen Ereignissen.
Auffallend ist, daß der Gebrauch der Geräte nur in Einzelfällen als unangenehm beschrieben wird. Die meisten Personen erleben dabei auch – zumindest ansatzweise – den gewünschten Zustand. Wissenschaftliche Erklärungen und Ergebnisse zu Wirkungsmechanismen und Effektivität liegen bislang jedoch nur in unbefriedigender und unzureichender Form vor, was nicht zuletzt an den vielfältigen Modellen und Ansätzen der psycho-physiologischen Hirnforschung liegt.

Achtung!

Definitiv kontraindiziert ist die Benutzung dieser apparativen Mentalsysteme für *Epileptiker*, da bei ihnen während und nach der Anwendung Anfälle ausgelöst werden können.

Die Nutzung der Systeme setzt – wie alle Entspannungstechniken – persönliche Bereitschaft voraus. Insbesondere Personen, die technik-orientiert sind und gleichzeitig psychologische Verfahren kennenlernen wollen, begeistern sich erfahrungsgemäß dafür und gehören dann zu den konsequentesten Anwendern.

Systemaufbau

Die Systeme bestehen zumeist aus einer Zentraleinheit, einem Kassettenrecorderteil mit Kopfhörer und einer undurchsichtigen Augenabdeckung in Form einer Brille (Abbildung 29). Im Brillengestell befinden sich eine oder mehrere (meist rote oder rote und grüne, bei manchen Geräten weiße) Leuchtdioden auf

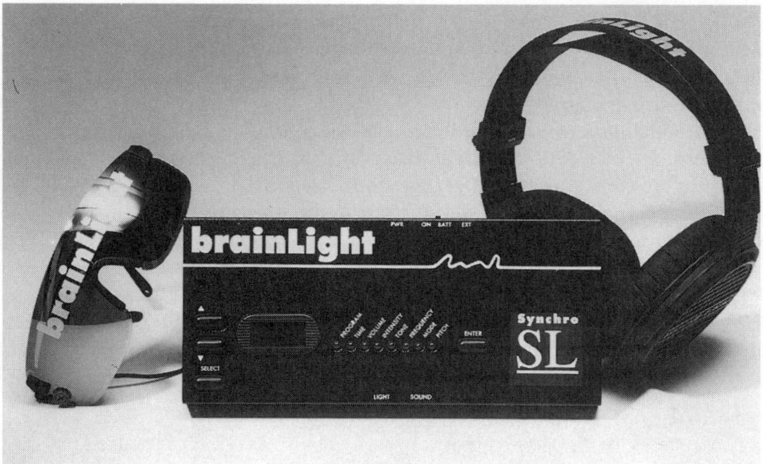

Abbildung 29
Beispiel eines apparativen Mentalsystems
Foto: brainLight, Goldbach

jeder Augenseite. Über den Kopfhörer wird der betreffenden Person eine über eine längere Zeit gleichbleibende, dann aber variierte Tongemisch-Folge eingespielt. In ihrem Rhythmus leuchten die Dioden mit festgelegter Frequenz – entsprechend einer Frequenz entspannter Wachheit im Elektro-Encephalogramm (EEG) – flimmernd auf. Ein entspannter Wachzustand, neurophysiologisch als »Alpha-Zustand« bezeichnet, hat eine EEG-Frequenz von 8 bis 13 Hertz. Der Entspannungszustand soll nun dadurch erreicht werden, daß die Hirnströme der eingespielten Frequenz folgen. Das Gehirn reagiert jedoch nur bedingt parallel zum eingespielten Rhythmus: Obwohl das Gerät eine höhere Frequenz vorgibt, kommen viele Anwender auch in den sogenannten Theta-Zustand, vergleichbar leichteren Schlafphasen. In diesem »dösigen Wachzustand« liegt die EEG-Frequenz nur noch bei 5 bis 7 Hertz.

Anpassung des Organismus

Eventuell anfänglich störende oder unangenehme Empfindungen lösen sich in der Regel nach kurzer Zeit auf. Innerhalb weniger Minuten, die individuell meist zwischen drei und sieben schwanken, paßt sich der Organismus den Lichtsignalen und Geräuschen derart an, daß kein Widerstand gegen die Impulse mehr stattfindet und so ein synchronisierter Ruhezustand erlebt wird.

Einige Systeme bieten darüber hinaus verbale Inhalte an, die ebenfalls darauf abzielen, den gewünschten Zustand zu erreichen. Direkt oder unterschwellig werden hierbei Informationen wie »Sie fühlen sich entspannt und wohl!« ebenfalls via Kassette eingespielt.

Grundprinzip Das Grundprinzip basiert auf der bekannten Antagonismus-These, wonach Anspannung nicht gleichzeitig mit Entspannung einhergehen kann. Die indizierte Entspannung ist durch ihr massives, intensives und direktes Ansprechen dominant und verdrängt sozusagen die Anspannung. Die gleichzeitige Abschirmung von Außenreizen und gezielte Reizüberflutung einzelner Sinne (Auge, Ohr) soll diesen Prozeß fördern.

Zusammenfassend ist festzuhalten, daß der Einsatz apparativer Mentalsysteme der Entspannung dienen kann. Sie sind vor allem für jene Personen interessant, die mit anderen Methoden bislang keinen Erfolg hatten oder die andere – aktive – Verfahren als »zu psychologisch« ablehnen.

In der Rehabilitationszeit sollte auf jeden Fall zunächst der Versuch unternommen werden, eines der gängigen aktiven Verfahren zu erlernen, bevor der Kauf derartiger Systeme in Betracht gezogen wird. Selbst dann empfiehlt es sich, sie zunächst unverbindlich über einen längeren Zeitraum auszuprobieren. Personen, die eine Epilepsie bei sich nicht ausschließen können, sollten vor dem Einsatz der Geräte den Arzt aufsuchen.

Schlagworte zur Aktivationsregulation Entspannung wirkt genesungsunterstützend in der Rehabilitation. Sie beugt angst- und streßbedingten negativen Befindlichkeiten vor und dient einem ausgeglichenen Gesamtzustand des Rehabilitanden.

Vorgehen:

- Eine klassische Entspannungstechnik (Atemregulation, Progressive Muskelentspannung oder Autogenes Training) auswählen.
- Abklären, ob es in der Gruppe oder allein erlernt werden soll (kann). Gruppentraining erhöht – vor allem zu Beginn – die Verbindlichkeit, regelmäßig zu trainieren. Kassetten und CDs bieten sich als Einstiegshilfen in Immobilitätsphasen an.
- In den ersten Wochen – je nach Methode – häufiger, später mit größeren Abständen trainieren.
- Biofeedback kann zur Erleichterung und Überprüfung des Lernens eingesetzt werden.
- Werden die klassischen Verfahren abgelehnt, oder tritt die Entspannung trotz häufigen Übens nicht im gewünschten Maße ein, stehen apparative Mentalsysteme als passive Alternativen zur Verfügung. Ihre Wirksamkeit muß jedoch individuell kritisch überprüft werden.

Training der Kompetenzerwartung in die eigene Leistungsfähigkeit

In der Zusammenarbeit mit langzeitverletzten Sportlern ist häufig ein Phänomen festzustellen, das den Fortschritt der psycho-physischen Genesung maßgeblich hemmt: der Verlust des Vertrauens in die eigene Leistungsfähigkeit.

Verlust des Selbstvertrauens

Bei Kurzzeitrehabilitanden sowie bei günstigen persönlichen und situativen Voraussetzungen ist dieser Verlust nur ansatzweise oder vorübergehend zu beobachten. Er äußert sich dann lediglich in einer behutsamen Vorgehensweise bei der Wiederaufnahme des Trainings. Bei Athleten mit einer Rehabilitationszeit von über vier Wochen steigt jedoch die Zahl der Betroffenen sprunghaft an, die sowohl im Aufbautraining als auch in der späteren Wettkampfvorbereitung Blockaden und Ängste erleben, sich Übungen nicht zutrauen und damit die Rehabilitation verlängern. Teilweise kommt es auch nach der Rehabilitation noch zu Stillständen in der sportlichen Entwicklung, so daß die zuvor erbrachten Leistungen auch nach längerer Zeit nicht mehr gesteigert oder erst gar nicht mehr erreicht werden. Bleiben diese Blockaden und Ängste bestehen, kann dies zum Rückzug aus dem Sport führen und auch Auswirkungen auf alltägliche Handlungen haben.

Das Erleben angemessener Kompetenzerwartung in die eigene körperliche Leistungsfähigkeit ist vordringliches Ziel des psychologischen Aufbautrainings in der Phase der sportlichen Rehabilitation. Die Wettkampfstabilität erfordert ein eigenes Training zu einem späteren Rehabilitationszeitpunkt und wird im nächsten Kapitel (S. 99ff.) behandelt.

Den Verlust des Vertrauens in die eigene Leistungsfähigkeit damit zu erklären, daß Sportler eben eine Zeitlang nicht trainiert haben und durch die Verletzung verunsichert sind, ist nachvollziehbar, greift aber zu kurz.

Menschliches Verhalten ist entscheidend davon beeinflußt, wie Situationen erlebt und Vorgänge aus der Umwelt durch interne psychische Mechanismen vermittelt werden. Innerhalb verschiedener psychischer Vermittlungsprozesse hebt der Lerntheoretiker ALBERT BANDURA (1977) die zentrale Rolle der Erwartungen hervor. Er unterscheidet in seinem Handlungskonzept (Self-Efficacy-Theory, deutsch: Theorie der Selbstwirksamkeit) zwischen *Kompetenzerwartung* und *Konsequenzerwartung*[5], die beide notwendig sind, damit Handlungen zielgerichtet eingeleitet werden.

Konsequenzerwartung

Die Konsequenzerwartung ist definiert als die Einschätzung einer Person, daß ein bestimmtes Verhalten zu einem bestimmten Ergebnis führt. Das bedeutet für die Rehabilitation: Ein Sportler weiß, daß er beispielsweise mit einem verordneten speziellen Krafttraining die Muskulatur im betroffenen Bereich wieder aufbauen kann.

Kompetenzerwartung

Kompetenzerwartung hingegen ist die Überzeugung einer Person, sich in der Lage zu sehen, ein Verhalten, das zu einem bestimmten Ergebnis führt, auch tatsächlich umzusetzen. Kompetenzerwartung ist also die subjektive Einschätzung der Verfügbarkeit von Handlungen.

[5] Übersetzung der Begriffe nach JERUSALEM, 1990.

Zu wissen, daß bestimmte Krafttrainingsübungen die spezielle Muskulatur aufbauen, reicht allein noch nicht aus, daß die Übungen auch tatsächlich durchgeführt werden. Traut sich der Betroffene die Trainingsform – aus welchen Gründen auch immer – nicht zu, werden die Übungen nicht eingesetzt. In diesem Fall geschieht dies wider besseres Wissen, obwohl es kein technisches Umsetzungsproblem gibt. Mangelndes Vertrauen in die eigene Leistungsfähigkeit, Angst vor Wiederverletzung oder Unsicherheiten blockieren (zunächst) die Ausführung. Deshalb nützt es auch wenig, dem Rehabilitanden immer wieder zu erklären, wie die Übung abläuft – das ist nicht sein wirkliches Problem.
Damit die Übungen ausgeführt und aufrechterhalten werden, muß zunächst die Kompetenzerwartung in die körperliche Leistungsfähigkeit ausgebildet oder gestützt werden, da sie das Verhalten auslösen oder blockieren kann. Bandura entwickelte daraus die Hypothese, daß vor allem eigene positive oder negative Kompetenzeinschätzungen darüber bestimmen, ob in einer beanspruchenden Situation ein bestimmtes Verhalten ausgeführt und aufrechterhalten wird oder nicht. Abbildung 30 stellt den Prozeß schematisch dar.

Abbildung 30 Kompetenzerwartung und Verhalten

Für eine möglichst optimale Rehabilitation muß die Kompetenzerwartung Trainingsinhalt werden. Dann haben auch jene Athleten, die dieses Selbstvertrauen verloren haben, eine Chance, psychisch stabil körperliche Trainingsformen in der Rehabilitation durchzuführen. Eine verbesserte Kompetenzerwartung in der Phase der sportlichen Rehabilitation wirkt auch in der Folgezeit, der Wettkampfvorbereitung, weiter.
Resultierend aus den Arbeiten Banduras und aus der praktischen sportpsychologischen Tätigkeit der Autoren lassen sich übereinstimmend drei wesentliche Quellen der Kompetenzerwartung nennen (Abbildung 31): Eigenerfahrungen, indirekte Erfahrungen durch Stellvertreter und sprachliche Überzeugungskraft kompetenter Personen beziehungsweise eigener Instruktionen.

Eigene Erfahrungen

Die nachhaltigsten Informationsquellen sind natürlich eigene Handlungen und Erfahrungen der Betroffenen, wobei Erfolge die Kompetenzerwartung stärken und Mißerfolge ihr abträglich sind. In welchem Ausmaß letzteres der Fall ist, hängt vom bereits bestehenden Niveau ab. Für verletzte Sportler, deren aktuelle Kompetenzerwartung nur sehr gering ausgeprägt ist, kann es einen immensen Rückschlag bedeuten, wenn sie sich auf Programme und Übungen eingelassen haben, die eine Verschlechterung des Zustands hervorriefen.

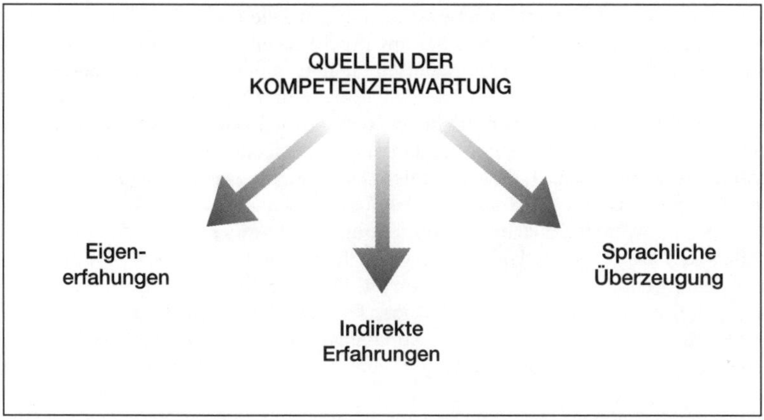

Abbildung 31
Quellen der Kompetenzerwartung

Indirekte Erfahrungen

Auch durch soziale Vergleichsprozesse ist es möglich, das Vertrauen in die eigene Leistungsfähigkeit zu steigern. JERUSALEM (1990) weist darauf hin, daß stellvertretende Erfahrungen gerade im Leistungsbereich die Kompetenzerwartung erhöhen, da Leistungen meist nach sozialen Vergleichskriterien bewertet werden. Es darf davon ausgegangen werden, daß Rehabilitanden sich ebenfalls in der Lage fühlen, spezielle Übungen und Programme durchzuführen, wenn auch vergleichbare Athleten mit ähnlichen Verletzungen damit erfolgreich sind oder waren.

Sprachliche Überzeugung

Selbstgespräche und sprachliche Überzeugung anderer Personen tragen darüber hinaus zum Gefühl der Selbstwirksamkeit bei. So kommt hierfür auch dem privaten Umfeld und den Fachkräften im Dialog mit dem Patienten Verantwortung zu.

Training der Kompetenzerwartung in der Praxis

Prognosetraining

Das von EBERSPÄCHER (1990) entwickelte Prognosetraining basiert auf den Überlegungen BANDURAS, mittels Eigenerfahrungen Kompetenzerwartungen aufzubauen.

Im Rehabilitationsprozeß sollten möglichst früh wieder erste Eigenerfahrungen der Leistungsfähigkeit gemacht werden. Hier bieten sich sportartunspezifische Übungen im Aufbautraining an. Um Vertrauen in die eigene Leistungsfähigkeit (wieder) zu erlangen, können sich Rehabilitanden mit Hilfe des Prognosetrainings realistische Ziele setzen, die sie motiviert und konzentriert erreichen können und wollen. Das Training muß im Anfangsstadium, wenn die betroffene Struktur praktisch noch nicht belastet werden kann oder darf, Übungen beinhalten, die die verletzte Struktur nicht betreffen. So können Aufgaben zur generellen Kräftigung und Stabilisierung zunächst im Vordergrund stehen. Auch ist daran zu denken, andere – gesunde – Strukturen, bei denen Defizite festgestellt werden, aufzubauen. Beides dient der Motivation und der Kompetenzerwartung, da die Sportler das Gefühl haben, in dieser schwierigen Phase selbst etwas für die

Genesung tun zu können. Operierte oder ehemals verletzte Strukturen dürfen selbstredend nur äußerst vorsichtig, entsprechend dem aktuellen Gesundheitsstand und nach Rücksprache mit dem Mediziner, in das Prognosetraining eingebracht werden.

Basis-Prognose-training Kern des Basis Prognosetrainings in der Rehabilitation sind Voraussagen, die die Rehabilitanden bezüglich einer von ihnen zu erbringenden Leistung im Aufbautraining abgeben. Ziel ist, daß die Athleten lernen, ihre eigene Leistungsfähigkeit auf dem jeweils aktuellen Stand realistisch einzuschätzen und dadurch Selbstvertrauen zu gewinnen. Die Inhalte beziehungsweise Aufgaben werden entweder selbst oder durch andere Personen gestellt. Je nachdem, wer das Aufbautraining mit den Rehabilitanden gestaltet, können dies Sportphysiotherapeuten, Krankengymnasten, Trainingswissenschaftler, Trainer oder andere Betreuer sein. Da die Gefahr der zu hohen Prognosen und damit der Überforderung besteht, ist es unerläßlich, die Übungen zuvor mit dem betreuenden Mediziner abzusprechen.

Nach der jeweiligen Durchführung wird festgestellt, ob die Prognose erreicht wurde oder nicht. Ferner ist zu prüfen, ob die aufgestellte Prognose realistisch oder unrealistisch war, wobei die Gründe für das Erreichte und für das Nichterreichte möglichst objektiv ermittelt werden sollten. Gegebenenfalls müssen die Voraussagen für das nächste Prognosetraining im Sinne einer realistisch-optimistischen Einschätzung der eigenen Leistungsfähigkeit korrigiert werden. Durch Genesungsfortschritte ist zu erwarten, daß sich im Laufe der sportlichen Rehabilitation die Prognosen erhöhen und die Trainingsinhalte verändern.

Es ist zu empfehlen, das Training nicht allein durchzuführen. Dies hat drei Gründe: Erstens erhöht die Anwesenheit anderer Personen die Verbindlichkeit der Prognosen, zweitens können sie die Analyse unterstützen, und drittens ist es für den Rehabilitanden eine Sicherheit, bei auftretenden Schwierigkeiten jemanden zur Unterstützung in der Nähe zu haben.

Offenes Prognose-training Das sogenannte offene Prognosetraining (Eberspächer, 1990) ist eine gesteigerte Form des Basistrainings. Es erhöht die erlebte Beanspruchung der Rehabilitanden, da die aufgestellte Prognose nicht nur der betreuenden Person mitgeteilt, sondern »veröffentlicht« wird. Außenstehenden (z. B. andere Rehabilitanden, die in derselben Gruppe mittrainieren) werden die Prognosen zugänglich gemacht, indem man die angezielte Leistung auf eine Tafel schreibt oder sie anderweitig mitteilt, so daß die Umsetzung von den anderen beobachtet werden kann. Der Ablauf orientiert sich ansonsten am Basis-Prognosetraining.

Mit der Durchführung dieser Formen des Prognosetrainings innerhalb des Aufbautrainings lernen Rehabilitanden, ihre eigene Leistungsfähigkeit unter leichter psychischer Beanspruchung wieder einzuschätzen. Wenn im Verlauf dieser Trainingsmaßnahmen Prognosen und Leistung relativ übereinstimmen, resultiert daraus ein motivierendes Gefühl der Kontrolle über die Situation sowie die angezielte Kompentenzerwartung. Eine regelmäßige schriftliche Fixierung der Anforderungen und der Ergebnisse bietet sich an, so daß anhand der Entwicklung der Genesungsfortschritt erkennbar wird.

Für beide Trainingsformen gilt:

- Vor allem zu Beginn realistisch-defensiv prognostizieren, keine Überforderung! Mit zunehmender Erfahrung sollen die Voraussagen einen realistisch-optimistischen Charakter bekommen.
- Übungen zuvor mit kompetenten Personen – insbesondere dem betreuenden Mediziner – absprechen!
- Höchstens zweimal pro Woche während des Aufbautrainings durchführen.
- Übungen, Prognosen und Ergebnisse schriftlich fixieren.

Das Basis-Prognosetraining sieht folgenden Ablauf vor (Abbildung 32):

Abbildung 32
Ablauf des Basis-Prognosetrainings

ABLAUFSCHRITT	VORGEHEN	BETEILIGTE PERSONEN
1	Aufgabenstellung	Betreuende Person(en)* Sportler
2	Prognosenstellung	Sportler
3	Durchführung der Anforderung	Sportler
4	Ergebnisfeststellung	Betreuende Person(en)* Sportler
5	»Objektive« Analyse	1. Sportler 2. Betreuende Person(en)*
6	Prognose überprüfen	Sportler

* z.B. Sportphysiotherapeut, Trainer, Trainingswissenschaftler usw.

1. Aufgabenstellung
Beispiel: Fahrradergometerübung.

2. Prognosenstellung durch den Rehabilitanden
Entsprechend den aktuell gegebenen Möglichkeiten prognostiziert der Sportler seine Leistung möglichst realistisch und optimistisch, schreibt sie auf und/oder teilt sie der betreuenden Person mit. Liegen noch keine Erfahrungen vor, sollten zunächst realistisch-defensive Ziele gesucht werden.

Beispiel Fahrradergometerübung: Zeitdauer bei vorgegebener Wattzahl wird vorhergesagt (»Ich schaffe ½ Stunde auf dem Fahrradergometer bei 150 Watt!«).

3. Durchführung der Anforderung

4. Ergebnisfeststellung
Prognose erreicht – nicht erreicht – übertroffen?

5. »Objektive« Analyse
»Objektiv« zu analysieren bedeutet, daß zunächst der Rehabilitand Leistung und Ausführung beurteilt und die Gründe für das Ergebnis nennt. Daraus läßt sich dann ableiten, warum es zu einer realistischen oder zu einer unrealistischen Prognose kam. Anschließend analysiert die betreuende Person.

6. Prognose überprüfen
War die Prognose zu niedrig oder zu hoch angesetzt, muß sie für das nächste Training korrigiert werden. Falls körperlich möglich, kann die korrigierte Prognose am selben Tag überprüft werden, ansonsten erst bei einem der nächsten Übungstage. Sie stellt wiederum die Grundlage für weitere Prognosen dar, die mit fortschreitender Genesung vorsichtig erhöht werden sollten.

Schlagworte zum Training der Kompetenzerwartung

- Übungen entsprechend den aktuellen körperlichen Möglichkeiten und Notwendigkeiten nach Rücksprache mit dem behandelnden Mediziner auswählen; schriftlich fixieren.
- Voraussagen erwarteter Leistung vor der Durchführung schriftlich fixieren und/oder der betreuenden Person mitteilen (beim offenen Prognosetraining: hörbar oder sichtbar für andere).
- Übung durchführen und erbrachte Leistung feststellen; schriftlich fixieren.
- Durchführung zuerst selbst-, dann fremdanalysieren. Auch gelungene Übungen analysieren!
- Prognose abschließend überprüfen. Gegebenenfalls Übung mit neuer Prognose wiederholen, so daß sich Leistung und Prognosen annähern und zu stabiler Kompetenzerwartung führen.
- Aufgaben und Prognosen dem Genesungsfortschritt anpassen.
- Prognosetraining regelmäßig durchführen.

Training der Wettkampfkompetenz

Zum Ende der Rehabilitationszeit steht mit der Aufnahme des sportartspezifischen Trainings und seiner zunehmenden Intensität die Vorbereitung auf Wettkämpfe im Mittelpunkt des Interesses. Neben der körperlichen Genesung darf die entscheidende Komponente für eine erfolgreiche Rückkehr in den Wettkampfalltag in der Vermittlung von Kompetenzerwartung und Selbstsicherheit gesehen werden (Hermann, 1994). Rotella (1985), der im angeschlagenen Selbstbewußtsein der Athleten das psychologische Hauptproblem sieht, weist darauf hin, daß selbst bei physischer Wiedergenesung massive Ängste bestehen bleiben können. Auch bei weniger starker Ausprägung hat dies Konsequenzen für den Wiedereinstieg in das Wettkampfgeschehen: Die Sportler laufen erstens Gefahr der Wieder- oder Neuverletzung, und zweitens kann ein vorübergehender, möglicherweise aber auch bleibender Leistungsverlust aufgrund mangelnden Selbstvertrauens eintreten. Schwenkmezger (1991) begründet diese Gefahren aus lernpsychologischer Sicht. Demnach wird die Angst dadurch aufrechterhalten, daß der Rehabilitand sich nicht davon überzeugen kann oder will, die verletzungsverursachende sportliche Handlung problemlos wieder auszuführen. Je länger die Pause, also die Phase der Vermeidung anhält, desto schwieriger wird die Wiederaufnahme des Wettkampfs.

Selbstsicherheit, Selbstbewußtsein, Selbstvertrauen

Diese Verhaltensweisen und Probleme können auch bei Rehabilitanden beobachtet werden, die nur leichte Verletzungen erlitten haben und zunächst nur geringe Unsicherheit erleben. Auch ihnen sind Formen des Kompetenzerwartungstrainings zu empfehlen, selbst wenn sie das Wettkampfgeschehen bereits wieder aufgenommen haben.

Aufgrund einer aus psychologischer Sicht problematischen Rehabilitationszeit kann es dazu kommen, daß Athleten ähnliche Phänomene wie sogenannte »Trainingsweltmeister« entwickeln: Im Training – ohne Druck und ohne größere Erwartungen anderer oder von sich selbst – realisieren sie durchaus wieder ihre Leistungsmöglichkeiten, im Wettkampf hingegen gelingt ihnen das nicht. Sie sind äußerst vorsichtig, trauen sich nur wenig zu. Schon im Vorfeld des Wettkampfs sprechen sie die Sorge vor einer möglichen Wiederverletzung aus und versuchen, die Erwartungen des privaten und sportlichen Umfelds so gering wie möglich zu halten. Das Selbstvertrauen ist angeschlagen, ein erfolgreiches Comeback wird zur Glücksache.

Trainingsweltmeister

Unter besonders schwierigen Umständen, wenn das Verletzungsereignis und die Folgen traumatisch erlebt wurden, können sich diese Symptome über einen langen Zeitraum ausdehnen, ohne daß eine Verbesserung eintritt. Insbesondere in Fällen, in denen keine speziellen Maßnahmen zur Bewältigung ergriffen wurden, kann dies dazu führen, daß die Athleten nie mehr an ihr früheres Leistungsniveau im Wettkampf anknüpfen können.

Ein Skifahrer aus der ersten Startgruppe im Weltcup verletzte sich vor einigen Jahren beim Hahnenkamm-Rennen in Kitzbühel schwer. Die Veranstalter legen Wert darauf, daß der von ihnen ausgerichtete Abfahrtslauf als das schwierigste Rennen der Welt bezeichnet wird. An einer Schlüsselstelle der Abfahrt stürzte der Rennläufer mit hoher Geschwindigkeit, überschlug sich mehrfach und trug zum Glück »nur« etliche Brüche und Prellungen davon. Da sein Sturz zu den spektakulärsten des Skiwinters gehörte, wurde er nicht nur am Renntag von allen zugeschalteten Fernsehkanälen in Originalgeschwindigkeit und in Zeitlupe mehrfach gesendet und analysiert, sondern auch noch zu allen möglichen Gelegenheiten in der Folgezeit. Der Gestürzte konnte sich den Bildern kaum entziehen, stand aber nach erfolgreicher medizinischer Rehabilitation im darauffolgenden Winter als Mitglied des Weltcup-Teams seines Landes wieder auf den Skiern. Er trainierte nach Aussage der Verantwortlichen mit mannschaftsintern hervorragenden Ergebnissen, konnte aber weder in dieser noch in der darauffolgenden Saison an seine früheren Ergebnisse im Wettkampf anknüpfen. Selbst die Streif, auf der er so schwer gestürzt war, fuhr er nochmals mit – in seinen Zeiten blieb er jedoch hier und bei anderen Rennen um mehrere Sekunden hinter dem Sieger zurück. Die Trainer konstatierten auf Anfragen jeweils, daß er »halt noch nicht wieder richtig frei« sei im Kopf, daß er den Ski noch nicht wieder richtig laufen lassen könne und daß er noch Zeit bräuchte, um wieder vorn dabeizusein. Ohne jemals wieder einen vorderen Platz bei einer Weltcup-Abfahrt belegt zu haben, beendete er ein Jahr später seine Leistungssportkarriere.

Möchte man derartigen Entwicklungen vorbeugen, müssen Maßnahmen ergriffen werden, das Selbstvertrauen der Athleten in die eigene Leistungsfähigkeit so aufzubauen, daß es auch unter schwierigen Bedingungen zum definierten Zeitpunkt, also im Wettkampf, vorhanden ist. Dabei gilt: Je kürzer der Zeitraum zwischen dem Verletzungseintritt und dem Beginn der Maßnahmen ist, desto größere Aussichten auf Erfolg haben sie. Der frühestmögliche Zeitpunkt in der Rehabilitation ist die Phase der Vorbereitung auf den Wettkampfalltag.
Selbstverständlich können wiedergenesene Leistungssportler gute Leistungen erbringen – es ist aber auch hier eine Frage der Kompetenzerwartung. Wurden bereits im Aufbautraining die Kompetenzerwartung und damit das Selbstbewußtsein der Sportler gestärkt (vgl. S. 95ff.), sind weniger Schwierigkeiten mit der Wettkampfkompetenz zu erwarten.
Daß vor Problemen beim Wiedereintritt in das Wettkampfgeschehen auch (verletzungs-)erfahrene Spitzensportler aus allen möglichen Sportarten nicht gefeit sind, hat vor allem zwei Gründe:

1. Gedanken, die dem Athleten vor der Verletzung nicht in den Sinn kamen oder früher sogar einen positiven Einfluß ausübten, stören plötzlich und sind handlungsbeeinträchtigend.
2. Beanspruchende Wettkampfsituationen werden nicht oder nur ungenügend trainiert.

Was aber trainiert wird, sind motorische Fertigkeiten des Ausübens unter mehr oder weniger harmlosen Bedingungen. Das kann für das Erlernen und Stabilisieren bestimmter Techniken sehr wichtig sein, eine das Selbstbewußtsein steigernde Wettkampfvorbereitung ist es nicht!

Viele Athleten und Trainer meinen, Selbstbewußtsein und Kompetenzerwartung aufbauen zu können, indem man die Technik durch vermehrtes Wiederholen »einschleift«. Am Beispiel eines Fußballers kann man jedoch leicht nachvollziehen, daß Selbstvertrauen für den Wettkampf nicht aus der Häufigkeit der Trainingsübungen resultiert. Er kann nämlich im Training eine Vielzahl von Elfmetern geschossen haben, ohne daß deshalb ein erleichternder Effekt für kritische Strafstoßsituationen, z. B. am Ende des Spiels bei knappem Spielstand oder im Elfmeterschießen, erreicht wird. Gleiches gilt für ähnliche Situationen in anderen Sportarten.
Der Erwerb und die Wiederaufnahme von Verhaltens- und Handlungsmustern allein genügt nicht, um diese zu einem definierten Zeitpunkt auch optimal verwirklichen zu können. Insbesondere zum Ende der Rehabilitationszeit ist es deshalb wichtig, die Überzeugung aufzubauen, daß die aktuellen Fähigkeiten und Fertigkeiten auch für das Bestehen in Wettkampfsituationen ausreichen. Im Training muß also die Überzeugung verbessert werden, daß die erworbenen motorischen, technischen und taktischen Voraussetzungen auch unter schwierigen Bedingungen realisierbar sind. Diese Überzeugung ergibt sich aus der erlebten Sicherheit, daß die zur Verfügung stehenden Handlungen und Handlungsmöglichkeiten eingesetzt werden können und dann im Sinne der Zielsetzung wirksam sind. Vertrauen in die eigene aktuelle und überdauernde Wettkampfkompetenz kann also trainiert werden wie die Kompetenzerwartung in die körperliche Leistungsfähigkeit. Dieses Selbstvertrauen entsteht aber nur dann, wenn die Trainingsleistungen wettkampfnah, das heißt unter erhöhter psychophysischer Beanspruchung, erbracht wurden. In der Regel wird jedoch die psychische Beanspruchung im Training nicht berücksichtigt. Sportler haben selten die Chance, Erfolg und Mißerfolg im Training zu erleben und sich damit auseinanderzusetzen.

Training unter erhöhter psychophysischer Beanspruchung

Training der Wettkampfkompetenz in der Praxis

Wettkampfnahes Prognosetraining

Der Aufbau der Kompetenzerwartung (vgl. S. 95 ff.) bietet auch zur Wettkampfvorbereitung Möglichkeiten, das Vertrauen in die Effektivität und die Realisierbarkeit erworbener motorischer, technischer und taktischer Voraussetzungen zu optimieren. Eberspächer (1990) hat hierzu zwei Varianten des wettkampfnahen Prognosetrainings entwickelt, die sportartspezifisch und individuell eingesetzt werden können. Die Grundlage des Trainings bilden psychologische Unterschiede zwischen Wettkampf und Training:

- Wettkampfsituationen gehen immer – bewußt oder unbewußt – mit einer *Prognose*, also einer Vorhersage über das erwartete Ergebnis, einher (zu erkennen an Freude, Zufriedenheit, Frustration o. ä. nach dem Wettkampf).
- Wettkampfsituationen sind in der Regel *nicht wiederholbar*.
- Wettkampfsituationen haben immer *Konsequenzen*.
- In Wettkämpfen wird der *Zeitpunkt der Leistungsabgabe* von außen definiert.

Prognosestellung, Einmaligkeit, Konsequenzen und fremdgesetzte Zeitpunkte sind somit die Kernstücke der beiden Formen des wettkampfnahen Prognosetrai-

Abbildung 33
Formen des wettkampfnahen Prognosetrainings

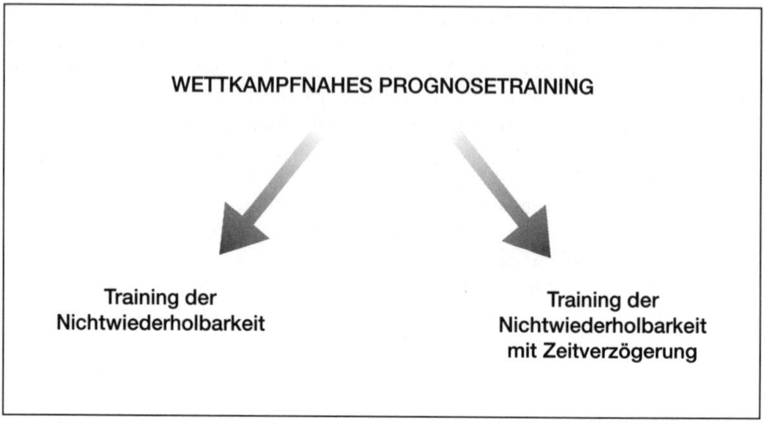

nings, des Trainings der Nichtwiederholbarkeit und des Trainings der Nichtwiederholbarkeit mit Zeitverzögerung (Abbildung 33).
Beide Trainingsformen können teilweise in Eigenregie des Sportlers durchgeführt werden, ihre besondere Wirksamkeit entfalten sie jedoch erst, wenn andere kompetente Personen (z. B. Trainer) ihren Teil dazu beitragen. Sollten Trainer oder Athleten den Eindruck haben, diese wettkampfnahen Trainingsformen würden den Rehabilitanden aktuell überfordern, so kann zunächst das Basis-Prognosetraining (vgl. S. 96) mit entsprechender sportartspezifischer Aufgabenstellung herangezogen werden.
Dieses Vorgehen ist auch im Kinder- und Jugendbereich (bis circa 16 Jahre) empfehlenswert, da einzelne Inhalte im wettkampfnahen Prognosetraining (z. B. Konsequenzen) der Motivation zur Rückkehr in das Wettkampfgeschehen von Kindern und Jugendlichen abträglich sein könnten.

Training der Nichtwiederholbarkeit

Wettkämpfe unterscheiden sich vom Training unter anderem dadurch, daß Bewegungsabläufe in der Regel nicht wiederholt werden können, was zum Erleben erheblicher Beanspruchung führen kann. Auf dieser Grundlage basiert das Prognosetraining ohne Wiederholungsmöglichkeit: Der Sportler, der seine Leistung auf Abruf erbringen möchte oder soll, darf bei dieser Trainingsform nur einmal handeln – auch im Falle eines Mißerfolgs. Wichtig ist, daß zuerst der Trainer (nicht der Sportler!) einen Zeitpunkt der Leistungsabgabe festlegt, weil auch bei Wettkämpfen der Zeitpunkt von außen definiert wird. Der Athlet kann sich auf die Leistungsabgabe vorbereiten und hat dann einen Versuch, für dessen Ausgang er eine Prognose stellt. Diejenigen Sportler, die ihre Prognose bestätigen können, haben ein positives Erlebnis, die hier Erfolglosen müssen mit der Konsequenz des Nicht-Erreichens des gesteckten Ziels umzugehen lernen. Weitere Konsequenzen im Fall des Nichterreichens können zuvor definiert und angekündigt werden, z. B. zusätzliches Ausdauertraining. Sie sollen jedoch keinen direkten Bestrafungscharakter haben, sondern im Vorfeld den psychischen Druck bei der Leistungserbringung erhöhen.

Training der Nichtwiederholbarkeit mit Zeitverzögerung

Erfahrungsgemäß wird das Erbringen einer Leistung um so schwieriger, je länger der Zeitpunkt der Leistungsabgabe hinausgezögert wird, da in Vorbereitungs- und Wartezeiten Gedanken die Konzentration auf die Leistung stören können. Ein Hinauszögern des Zeitpunkts der Leistungsabgabe kann daher eine zusätzliche Beanspruchung für Athleten bedeuten. Dies ist insbesondere dann der Fall, wenn die Wartezeit überraschenderweise verlängert wird, wie es häufig in Wettkämpfen geschieht.

Das Nichtwiederholbarkeitstraining mit Zeitverzögerung trägt diesen Überlegungen Rechnung, indem man die Athleten zielgerichtet mit zeitlichen Verzögerungen vor der Abgabe der Leistung konfrontiert. Sie müssen trotz dieser kurzfristigen Veränderung ihre Prognose dennoch aufrechterhalten und erfüllen – eine Anforderung, die sich Sportlern auch in Wettkämpfen stellen kann.

Mit der Durchführung der beiden Formen des wettkampfnahen Prognosetrainings lernen Athleten, aber auch Trainer, mit psychischer Beanspruchung durch selbstgestellte Anforderungen sowie mit Erfolg und Mißerfolg umzugehen. Nur wer im Training auch das Risiko des Mißerfolgs eingeht, kann den erbrachten Erfolg als solchen für sich in Anspruch nehmen.

Vergleichbar dem Basis-Prognosetraining gilt auch für das wettkampfnahe Prognosetraining: Wenn im Verlauf dieser Trainingsmaßnahmen Prognose und Leistung relativ übereinstimmen, resultieren Vertrauen in die eigene Leistungsfähigkeit und Selbstbewußtsein für die Wettkämpfe nach Beendigung der Rehabilitation.

Vorüberlegungen

In der Praxis gehen der Durchführung des wettkampfnahen Prognosetrainings ausführliche Überlegungen zur sportartspezifischen Anwendung und Zielstellung voraus. Von Trainer und Sportler müssen zunächst mehrere Punkte geklärt werden:

- Sollen Prognosen und Leistungen zur Erhöhung der Beanspruchung und zur besseren Analyse auf Video aufgezeichnet werden?
- Sollen wettkampftypische Abläufe und Umstände in das Prognosetraining mit einbezogen werden (z. B. Auslosung der Startreihenfolge, Wettkampfkleidung, Publikum)?
- Welche Konsequenzen bei Nicht-Erreichen der Prognose sind sinnvoll, ohne daß sie nur als lästige Bestrafung empfunden werden?

Wichtig für das Vertrauen zwischen Trainern und Athleten ist auch, das Grundprinzip und die erwarteten Effekte des Trainings zuvor zu besprechen. Das gesamte Training sollte durch jene Stimmung geprägt sein, die auch an Wettkampftagen vorherrscht. Insbesondere der Trainer kann hierzu durch sein Verhalten – im Sinne einer passiven Autorität – maßgeblich beitragen.

Beide Formen des wettkampfnahen Prognosetrainings haben prinzipiell den gleichen Ablauf und unterscheiden sich nur in der Zeitverzögerung. Sie werden daher im folgenden gemeinsam beschrieben (Abbildung 34).

Abbildung 34
Ablauf des wettkampfnahen Prognosetrainings

ABLAUFSCHRITT	VORGEHEN	BETEILIGTE PERSONEN
1	Aufgabenstellung	Trainer
2	Festlegung des Zeitpunktes	Trainer
3	Prognosenstellung	Sportler
4	Vorbereitung zur Leistungsabgabe	Sportler
5	Durchführung	Sportler
6	Ergebnisfeststellung	Trainer/ Sportler
7	»Objektive« Analyse	1. Sportler/ 2. Trainer
8	Konsequenz	Sportler

Das wettkampfnahe Prognosetraining sieht in der Praxis folgenden Ablauf vor:

1. Aufgabenstellung
Die Aufgabe wird durch den Trainer gestellt. Beispiele:
- Rückschlagspiele: 1 Aufschlag / 1 Annahme.
- Sprung- oder Wurfdisziplinen: 1 Versuch.
- Kompositorische Sportarten: einmalige Durchführung der Kür.
- Kampfsport: 1 Kampf mit Wertung.
- Spielsportarten: 1 Freiwurf, -stoß; 1 Überzahlangriff.
- Sportarten mit Zeitqualifikation (z. B. Schwimmen, Laufdisziplinen): definierte Strecke in möglichst kurzer Zeit zurücklegen (z. B. 100 m Kraul; 400 m Hürden).

2. Festlegung des Zeitpunktes
Der Zeitpunkt der Leistungsabgabe wird durch den Trainer festgelegt, und die Konsequenzen bei Nicht-Erreichen der prognostizierten Leistung werden angesprochen.

3. Prognosestellung
Entsprechend den aktuell gegebenen Möglichkeiten (Gesundheitszustand, Trainingsstadium, individuelle sportliche Entwicklung) werden aufgrund der Vorga-

ben des Trainers von den Athleten Prognosen abgegeben, die sich an der oberen Grenze ihrer momentanen Leistungsfähigkeit orientieren. Alle Umstehenden und Mittrainierenden werden über die Prognosen visuell (z. B. durch Anschreiben an eine Tafel) oder akustisch (durch Ansagen) unterrichtet.
Bei den kompositorischen Sportarten ist es möglich, die korrekte Ausführung der Schlüsselstellen einer Kür zu prognostizieren, in Kampfsportarten können das Ergebnis und die eingesetzten Techniken vorhergesagt werden. In einigen Sportarten, wie z. B. beim Skilauf, ist es sinnvoll, eine Strecke zunächst mehrmals zu durchfahren, damit eine realistische Zeiteinschätzung möglich wird.

4. Vorbereitung bis zum definierten Zeitpunkt der Leistungsabgabe

5. Durchführung der festgelegten Anforderung
Beim Training mit Zeitverzögerung müssen die Athleten die Abgabe ihrer Leistung überraschenderweise (!) verschieben. Der Trainer legt eine neue Zeit fest.

6. Ergebnisfeststellung
Sie erfolgt nach der Durchführung. Es wird geprüft, ob die prognostizierte Leistung erreicht, nicht erreicht oder gar übertroffen wurde.

7. »Objektive« Analyse
Für diese sich anschließende Analyse muß ausreichend Zeit zur Verfügung stehen. Sie sieht vor, daß zunächst der Sportler seine Leistung beurteilt und die Gründe für das Ergebnis nennt. Neben dem Herausarbeiten der Fehlerquellen ist es zum Aufbau des Selbstvertrauens absolut wichtig zu wissen, warum etwas im Sinne der Zielstellung erreicht werden konnte.
Nach der Athletenbeurteilung kann dann von Trainerseite gegebenenfalls eine weitergehende Analyse vorgenommen werden. Videoaufzeichnungen sind hierbei eine wertvolle Unterstützung. In jedem Fall sollen nicht ausschließlich Kritikpunkte und deren Ursachen gefunden, sondern es muß auch positiv analysiert werden. Selbstbewußt sind auf Dauer nur jene Athleten, die wissen, wo ihre Stärken liegen!

8. Konsequenz
Im Fall des Nicht-Erreichens der prognostizierten Leistung müssen die zuvor angekündigten Konsequenzen auch tatsächlich durchgeführt werden. Andernfalls verlieren sie beim nächsten wettkampfnahen Prognosetraining ihren beanspruchungssteigernden Charakter.

Die Wirksamkeit beider Formen des wettkampfnahen Prognosetrainings verblaßt, wenn man sie zu häufig und ohne ausreichenden zeitlichen Abstand durchführt. Ebenso problematisch ist es, wenn das Training erstmalig unmittelbar vor der Wiederaufnahme des Wettkampfs eingesetzt wird. Die negativen Folgen bei Nicht-Erreichen des Ziels können dann nicht mehr ausgeglichen werden, die Kompetenzerwartung ist vermindert. Günstigerweise sollten meh-

rere wettkampfnahe Prognosetrainings geplant werden, so daß Sportler die Chance haben, ihre Selbsteinschätzung im Laufe der Zeit immer realistischer zu gestalten.
Trainer und Sportler beurteilen die Vorgehensweise für das Training und für die Wettkampfvorbereitung durchgehend positiv. Insbesondere Rehabilitanden berichten nach ihrem Wettkampf-Comeback von stabiler Selbstsicherheit vor und während des Wettkampfs.

Schlagworte zum wettkampfnahen Prognosetraining

- Der Trainer definiert Aufgaben beziehungsweise Zeitpunkt der Leistungsabgabe. Die Konsequenzen für den Fall des Nicht-Erreichens der vom Sportler anschließend prognostizierten Leistung werden festgesetzt.
- Übung einmalig durchführen (eventuell mit Zeitverzögerung).
- Ergebnis feststellen und positive sowie negative Aspekte ausführlich analysieren.
- Im Fall des Nicht-Erreichens der angezielten Leistung: negative Konsequenzen für den Sportler.
- Ziel ist es, Prognose und Leistung in relative Übereinstimmung zu bringen, so daß die Athleten die Sicherheit erleben, ihre Leistungsfähigkeit einschätzen zu können. Dies erhöht das Selbstvertrauen für Wettkampfsituationen.

Rückhalt durch andere Personen – Soziale Unterstützung

Familiäres, schulisches, sportliches Umfeld

Wissenschaftliche Untersuchungen und praktische Erfahrungen mit Rehabilitanden belegen übereinstimmend die hohe Bedeutsamkeit eines positiv erlebten Rückhalts durch andere Personen für die Genesung (Hardy und Crace, 1993). Diese Personen können beispielsweise aus dem familiären, schulischen oder sportlichen Umfeld stammen oder auch professionelle Kräfte sein (Mediziner, Psychologen, Physiotherapeuten, Pflegepersonal usw.).
Das Verhalten von Kontaktpersonen – oder auch ihr »Nicht-Verhalten« – trägt direkt oder indirekt maßgeblich zur psychischen Befindlichkeit der Athleten bei und bestimmt somit auch das Auftreten genesungsförderlicher oder -hinderlicher Emotionen und Handlungen.
So können z. B. beste medizinische und psychologische Maßnahmen nicht greifen, wenn durch erlebte Einsamkeit eine depressive Grundstimmung bei den Rehabilitanden vorliegt. Schwarzer und Leppin (1991) bezeichnen den Rückhalt durch andere Personen als eine rein subjektive Überzeugung, die ein generelles Gefühl von Stabilität, Wärme und Selbstwertbestätigung vermittelt.
Die Forschung zu diesem Thema hat vielfältige und kontroverse Ergebnisse, Modelle und Theorien hervorgebracht, die an dieser Stelle nicht diskutiert werden (vgl. hierzu Schwarzer und Leppin, 1989). So ist beispielsweise noch nicht geklärt, über welchen Mechanismus die soziale Unterstützung ihre positive, rehabilitationsförderliche Wirkung entfaltet.
Für den Einfluß der sozialen Unterstützung auf die Befindlichkeit und damit auf den Rehabilitationsverlauf verletzter Athleten soll zwischen vier Formen (vgl. Abbildung 35) unterschieden werden.

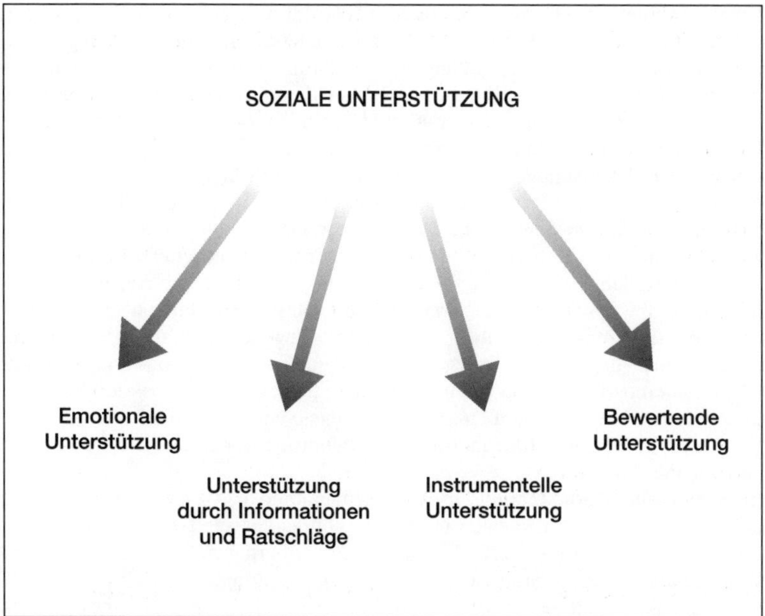

Abbildung 35
Formen sozialer Unterstützung in der Rehabilitation nach CASSEL (1974)

Die einzelnen Arten der Unterstützung und des erlebten Rückhalts durch andere Personen zeigen unterschiedliche Wirkungen und Besonderheiten auf:

Positive und negative Wirkungen

Emotionale Unterstützung ist nach den Ergebnissen einer Meta-Analyse von HOUSE und KAHN (1985) der wichtigste Rückhalt für Rehabilitanden. Darunter fallen alle Formen der Zuwendung, des Trostes und des Verständnisses für den Rehabilitanden. Diese Form der Unterstützung muß nicht zwingend positiv auf den Sportler wirken, da man sie selbstverständlich nicht von jedem erfahren möchte und annehmen kann. Drängen sich Personen auf, wird der Effekt umgekehrt und äußert sich vornehmlich in Ärger.
Für Rehabilitanden entsteht dadurch unter Umständen ein schwieriger Konflikt: Sie freuen sich zwar prinzipiell über den Kontakt, wollen ihn aber nicht in dieser Art und Häufigkeit. Um die Kontaktperson nicht zu verletzen, wird das Vorgehen *ertragen* und/oder führt irgendwann zu Reaktionen, die die andere Person zu diesem Zeitpunkt nicht mehr nachvollziehen kann. Ein wie auch immer gearteter *Bruch* im Kontakt – auch für die Zeit nach der Rehabilitation – ist vorhersehbar. Besser ist es in diesen Fällen, möglichst bald deutlich zu machen, daß man sich über den Kontakt freut, dabei aber zurückhaltend bleibt und die Emotionalität nicht noch steigert.
Erlebte emotionale Unterstützung kann sich in ihrer Wirkung mit der Zeit auch wandeln. Werden Rehabilitanden regelmäßig und langfristig mit *Trost* unter-

stützt, ist ihnen diese Form mit zunehmender Genesung eher hinderlich und trifft auf Ablehnung. Eine Aussage wie »Mit Deinem Knie bist Du ja wirklich gestraft, aber es geht vielen so.« kann anfänglich Unterstützung und Trost signalisieren, in der sportlichen Rehabilitation wirkt sie eher demotivierend. Eine rechtzeitige Bemerkung des Rehabilitanden, daß die tröstenden Worte schon sehr gut getan haben, nun aber eher an die Schattenseiten erinnern, ist vonnöten. Um den Betroffenen – der es ja gut gemeint hat – nicht zu brüskieren, kann man ihn für eine andere Form der Unterstützung gewinnen, z. B., indem man ihn um praktische Hilfen oder um persönliche Ratschläge bittet.

Informationen und Ratschläge werden insbesondere dann unterstützend erlebt, wenn der erteilenden Person diesbezüglich Kompetenz zugesprochen wird. Informationen von Sportlern oder Trainern, die selbst schon einmal eine längere Rehabilitationszeit erlebt haben, werden eher angenommen als von Personen, die sich noch nie in einer solchen Lage befunden haben. Informationen zur körperlichen und manchmal auch psychischen Genesung wird von den Rehabilitanden hohe Bedeutsamkeit zuerkannt, wenn sie von medizinischer Seite geäußert werden. Dieselbe Information von Trainern, Eltern oder Lebenspartnern verhallt möglicherweise.

Instrumentelle Unterstützung erleben Rehabilitanden, wenn praktische Hilfe durch andere Personen geleistet wird. Dies können beispielsweise Erledigungen sein oder – falls nötig – Hilfen bei finanziellen Übergangslösungen.

Bewertende Unterstützung ist von besonderer Wichtigkeit. Erlebte Anerkennung und Wertschätzung durch andere Personen sind Grundlage eines stabilen Selbstwertgefühls in der Rehabilitation. Nach SARASON, SARASON und PIERCE (1990) hängt die wahrgenommene Unterstützung vor allem von der Überzeugung der betroffenen Personen ab, daß sie sich akzeptiert fühlen. Diese Akzeptanz muß bedingungslos sein, also nicht auf Eigenschaften oder Leistungsvermögen, sondern allein auf die Person selbst bezogen.

Athleten erleben kaum eine soziale Unterstützung, wenn sie das Gefühl haben, die andere Person tut dies nur aus Profilierungsstreben oder anderen Gründen, um später Vorteile daraus zu ziehen.

Wahrgenommene Unterstützung

Prinzipiell ist für Rehabilitanden weniger entscheidend, wieviel soziale Unterstützung sie erhalten haben (Besuche, Hilfsangebote usw.). Es zählt vielmehr der Umstand, wieviel Unterstützung wahrgenommen und als hilfreich wahrgenommen wird – unabhängig von der tatsächlich gegebenen Unterstützung. Wenn sich also sportliche Rehabilitanden durch das Verhalten anderer Personen im Rehabilitationsprozeß gestützt fühlen, so müssen diese Personen nicht täglich anwesend sein oder jederzeit alle Wünsche erfüllen. Ein hohes Vertrauensmaß und eine besondere Bedeutsamkeit des Kontakts für den Patienten können unter Umständen ein stärkeres Gefühl der Unterstützung hervorrufen als die permanente Anwesenheit eigentlich näherstehender Personen. Dies kann darin begründet liegen, daß von der näherstehenden Person sowieso mehr oder eine andere Form der Unterstützung erwartet wird.

Sozial gut eingebettet zu sein und mit der Hilfe anderer rechnen zu können, übt eine wohltuende Wirkung auf die psycho-physische Befindlichkeit aus. Aber

auch der häufig beschriebene Puffereffekt der Unterstützung, der im Fall einer Krise im Genesungsprozeß rehabilitationshemmenden Auswirkungen entgegentritt, ohne zwingend zu Wohlbefinden zu führen, ist von höchster Bedeutsamkeit.
Schwierig und meist für alle Seiten enttäuschend gestaltet sich die Unterstützung, wenn anfänglich hilfsbereite Personen – aus welchen Gründen auch immer – ihr Verhalten ändern. Insbesondere dann, wenn die Geduld der unterstützenden Personen nachläßt und die Patienten gleichzeitig selbst das Gefühl haben, daß sich ihr Zustand nicht verbessert, sind die negativen psychischen Folgeeffekte schwieriger zu verarbeiten als die Problematik um die Verletzung.

Beispiele prominenter Sportler

Verletzte prominente Sportler erleben solche Verhaltensweisen häufiger: Mit Eintreten der Verletzung wird ihnen ein enormes Interesse zuteil. Resultierend aus Pressemeldungen erfahren sie von allen möglichen – erwünschten und unerwünschten – Stellen Aufmerksamkeit und Unterstützung. Mit zunehmender Rehabilitationszeit geht das Interesse anderer merklich zurück. Dies ist vor allem dann der Fall, wenn der Gesamtprozeß zeitlich nicht überschaubar ist. Gerade aber mit fortschreitender Dauer bei langwierigen Verletzungen sind die Sportler besonders auf die Unterstützung angewiesen. Letztlich reduziert sich für die Athleten die Anzahl der aktiv unterstützenden Personen häufig auf den engeren Familien- und Freundeskreis.
Besonders unglückliche Umstände können Profisportler erleben, wie das folgende Beispiel eines nach monatelanger Verletzungs- und anschließender Spielpause wieder aktiven Fußballspielers zeigt:

Der talentierte, in der Fachwelt vielbeachtete junge Fußballspieler wird zu einem anderen Bundesligaverein transferiert. Die Ablösesumme ist enorm hoch und wird in der Öffentlichkeit kritisch diskutiert. Insbesondere der Manager des abwerbenden Vereins muß für den Kauf in dieser Höhe mehrfach Rechenschaft ablegen, zumal die Finanzlage des Vereins als angespannt bezeichnet wird. Bevor sich der Stürmer im neuen Verein etablieren kann, verletzt er sich (erneut) schwer und muß nach überstandener Operation unter anderem mehrere Monate in einem Rehabilitationszentrum verbringen. Ein Fernsehteam, das den Sportler ungefähr ein Vierteljahr nach dem Verletzungseintritt besucht, fragt ihn, wie es denn mit den Kontakten zu seinem neuen Verein stünde. Nach kurzem Überlegen antwortet er: »Kontakte habe ich bislang keine, aber der Manager hat irgendwann einmal angerufen und gefragt, wie es mir geht.« Anschließend brachte er seine Enttäuschung über dieses Verhalten zum Ausdruck.

Selbst wenn es weitere Kontakte oder andere Hilfen für den Profi gegeben haben sollte, die Unterstützung wurde nicht wahrgenommen und kam somit nicht zum Tragen.
Die Situation war sicherlich für alle Seiten schwierig: Der Spieler hatte noch kaum Kontakte geknüpft, der Manager mußte sich den Vorwurf gefallen lassen, einen angeschlagenen Profi für viel Geld verpflichtet zu haben, Trainer und Spieler kannten ihn kaum. Man plante in der Folgezeit ohne ihn. Offensichtlich

war auch niemandem daran gelegen, dem Rehabilitanden besondere Aufmerksamkeit zu widmen, wozu der Spieler dann möglicherweise auch selbst beitrug.

Nach ungefähr 18 Monaten wurde der Fußballer erstmals wieder in ein Bundesligaspiel eingewechselt. Trotz Beschwerdefreiheit und guter Leistungen fand er als Stammspieler in der Folgezeit kaum Berücksichtigung. Nach längerem Dasein als Reservespieler wechselte er in der darauffolgenden Saison zu einem anderen Verein, für den er wertvolle Dienste leistet.

Eine wie auch immer geartete Beachtung und soziale Unterstützung des Sportlers von Vereinsseite hätte möglicherweise nicht nur die Befindlichkeit in der Rehabilitation gefördert und damit bessere Genesungsvoraussetzungen geschaffen, sondern auch den Wiedereinstieg in die Saison und die Aufnahme in die Mannschaft erleichtert. So kam es aber zu einem Bruch, der dazu beitrug, daß der Spieler seine Leistungen in diesem Verein nicht mehr realisieren konnte. Daraus resultieren für den Sportler eine Enttäuschung, finanzielle Einbußen und neben der Verletzung ein weiterer Knick in der sportlichen Laufbahn. Auch der Verein verliert: Neben der Möglichkeit, eine noch stärkere Mannschaft einsetzen zu können, müssen die geflossenen Gelder als Fehlinvestition angesehen werden. Da er später als Ersatzspieler den Verein wechselte, kann diese Fehlinvestition nicht mehr ausgeglichen werden. Eine Berücksichtigung der psychologischen Faktoren hätte – bei geringem Zeitaufwand für die Verantwortlichen – die Chancen erhöht, den Rehabilitationsprozeß effektiver und das Finanzrisiko geringer zu gestalten.
Auch in anderen Sportarten wird teilweise nach dem Motto »Aufmerksamkeit und Akzeptanz für Leistung« verfahren. Da verletzte Athleten keine Leistung erbringen, geraten sie schnell in Vergessenheit, bis sie wieder fit sind – es sei denn, Verein und Vereinskollegen (und eventuell das Publikum) sind der Meinung, daß es kaum Ersatz für den Verletzten gibt, und fiebern förmlich der Genesung entgegen.

Soziale Unterstützung in der Praxis

Die dargestellten Zusammenhänge lassen es sinnvoll erscheinen, daß Rehabilitanden auch von sich aus etwas dazu beitragen, den gewünschten Rückhalt durch andere Personen zu erfahren. Sie sollten daher angebotene unterstützende Kontakte annehmen und sie auch selbst mit aufrechterhalten. Dies bedeutet für die Betroffenen, nicht nur darauf zu warten, wann die entsprechende Person anruft und ob sie vorbeikommt, sondern selbst zum Hörer zu greifen oder auch einmal einen Brief zu schreiben. Die *Eigeninitiative* hat mehrere Vorteile, unter anderem beugt sie Mißverständnissen und angehäuftem Ärger vor (»Jetzt hat der mich immer noch nicht wieder besucht.«). Eigeninitiative ist auch gefragt, wenn Rehabilitanden unter Kontaktmangel leiden. Die Genesungszeit bietet sich an, um frühere Kontakte wieder aufleben zu lassen oder andere zu intensivieren. Die Erwartungen daran dürfen jedoch nicht zu hoch angesetzt werden, da sonst bei Ausbleiben einer Reaktion Frustration und Selbstzweifel die Folge sein können.

Selbst aktiv werden!

Ebenso sollten die Erwartungen an Personen aus dem sportlichen Umfeld nicht von vornherein überhöht sein. Auch wenn es schön wäre und sportliche Sorgen dadurch gemildert würden: Der Trainer wird nicht täglich vorbeischauen können und dem Rehabilitanden versichern, daß er auf seine Rückkehr warte. Eine geringere Kontaktinitiative des Trainers sollte daher nicht prinzipiell als Ablehnung interpretiert werden!

Rehabilitanden müssen auch beachten, daß nicht alle Personen jede Form des Rückhalts geben können und wollen. Als Beispiel sei der Arztkontakt genannt. Bei den Patienten ist teilweise Enttäuschung zu verzeichnen, wenn die operierenden Mediziner zwar mit Rat und Tat zur Seite stehen, die erwartete emotionale Unterstützung aber ausbleibt. Hier müssen Rehabilitanden klar trennen: Auf der einen Seite sollten sie die Unterstützung durch Maßnahmen und Informationen als hilfreich akzeptieren, andererseits aber keine weiteren Erwartungen an die Mediziner haben. Emotionale Unterstützung kann nicht erzwungen werden. Wenn sie vorhanden und auch gewünscht ist – um so besser!

Weniger gewünschte Kontakte dürfen nicht gefördert werden. Aus Angst, man könne einen anderen verletzen oder ihm Unrecht tun, werden häufig positive Emotionen vorgespielt. Als Ergebnis entsteht dann ein Zustand, in dem man zum einen immer weiter schauspielern muß und zum andern der Ärger ansteigt. Ratsam ist es – falls irgendwie möglich – ehrlich zu sein und möglichst bald deutlich zu machen, daß man den Kontakt (derzeit – in dieser Form – usw.) nicht möchte.

Schlagworte zur sozialen Unterstützung

- Erlebter Rückhalt durch andere Personen kann durch Zuwendung, Information, praktische Hilfen und Anerkennung begründet sein.
- Rehabilitanden sollten angebotene unterstützende Kontakte (falls gewünscht) annehmen und in der Folgezeit auch selbst fördern.
- Die Rehabilitationszeit bietet sich an, um Kontakte neu zu beleben. Die Initiative sollten die Verletzten selbst übernehmen, ohne überhöhte Erwartungen daran zu knüpfen.

Psychologische Maßnahmen verletzter Sportler in den Rehabilitationsphasen

Im folgenden werden die Maßnahmen, die verletzte Athleten selbst initiieren beziehungsweise durchführen können, zusammengefaßt und den einzelnen Rehabilitationsphasen zugeordnet. Enthalten ist dabei auch der Rückhalt durch andere Personen, da die Rehabilitanden selbst maßgeblich dazu beitragen, ob und wie sie durch Außenstehende unterstützt werden.

Maßnahmen der Rehabilitanden in der Akutphase

Abbildung 36 stellt die psychologischen Vorgehensweisen und Möglichkeiten der Rehabilitanden in der Akutphase zusammenfassend dar.

Abbildung 36
Psychologische Maßnahmen verletzter Athleten in der Akutphase

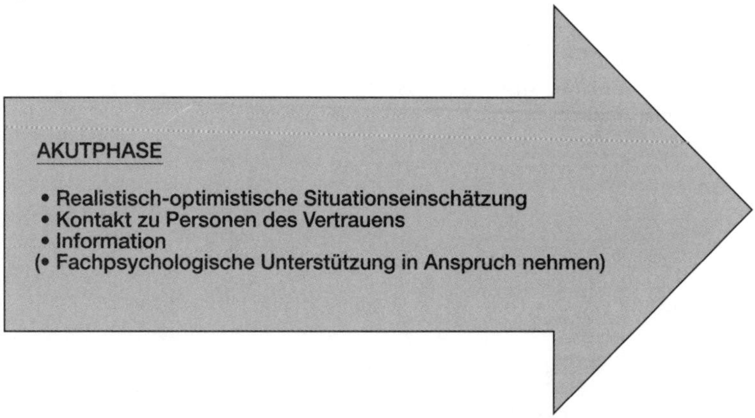

Selbstwert-kontrolle

In der Akutphase können von den Betroffenen vor allem im Bereich der Selbstkontrolle wichtige Grundlagen für eine erfolgreiche Rehabilitation gelegt werden. So ist darauf zu achten, daß die eigenen Gedanken nicht auf Selbstzweifel (»Immer bin ich vom Pech verfolgt.«), Ärger (»Das kann auch nur mir passieren.«), Katastrophisierungen (»Ich werde nie wieder richtig fit!«) oder ähnlich negative Inhalte gerichtet sind.
Hilfreich für eine positive Einstellung zur Rehabilitation sind vielmehr neutrale oder – soweit möglich – realistisch-optimistische Situationseinschätzungen, die sich im Selbstgespräch (laut oder gedanklich) ausdrücken. Kreisen die Gedanken immer wieder um die Verletzung und ihre Folgen, sind Ängste, Sorgen, Verzweiflung, Niedergeschlagenheit oder starke Aggressionen vorhanden, so bietet es sich an, den Kontakt zu Personen des Vertrauens zu suchen und sich mit ihnen auszutauschen. Wichtig ist, daß diese Gedanken einmal ausgesprochen und geordnet werden und eventuell einige neue – positivere – Impulse bekommen. Dazu muß keine, wie auch immer geartete, Gesprächstherapie stattfinden, müssen keine schnellen Problemlösungen gefunden werden. Es geht in dieser

kurzen Anfangsphase zunächst lediglich darum, durch einen vertrauensvollen, stützenden Kontakt das Verhalten und Erleben in dieser schwierigen Phase zu stabilisieren, so daß es zu keinen (weiteren) psychischen Folgeerscheinungen kommt.

Fachlich-psychologischer Rat

Hat man das Gefühl, trotz kompetenter und vertrauensvoller Kontakte immer tiefer in einen Gedankenstrudel zu geraten, so sollte auch die Inanspruchnahme fachlicher Hilfe (Psychologe, Sportpsychologe) in Betracht gezogen werden. Dies gilt auch für die folgenden Rehabilitationsphasen. Unsicherheiten können im allgemeinen dadurch abgemildert werden, daß man den oder die behandelnden Mediziner ausführlich zu Art und Ausmaß der Verletzung, zu möglicherweise auftretenden Problematiken und zu den Gründen für eingeleitete medizinische Maßnahmen befragt. Definitive und exakte Aussagen – insbesondere zur Dauer der Rehabilitation – können in dieser frühen Phase jedoch noch nicht erwartet werden; dennoch dienen sie zur groben Strukturierung und damit zur Stabilisierung der Gesamtbefindlichkeit.

Auch wenn es für einzelne Rehabilitanden angenehmer erscheint, sich zunächst im Glauben zu lassen, daß »alles halb so schlimm« und bald wieder vorbei sei, so ist vor dieser Vorgehensweise zu warnen. Die Praxis zeigt immer wieder: Je früher man sich mit der Verletzung und ihren Folgen auseinandersetzt, desto schneller kann sie verarbeitet und die Rehabilitation motiviert angegangen werden.

Maßnahmen der Rehabilitanden in der Phase der Rehabilitationsvorbereitung und -findung

Die zweite Phase der psychischen Rehabilitation ist vor allem durch Eigendiagnostik sowie die Auswahl und das Einüben psychologischer Trainingsformen gekennzeichnet. Abbildung 37 stellt die psychologischen Vorgehensweisen und Möglichkeiten der Rehabilitanden in der Phase der Rehabilitationsvorbereitung und -findung zusammenfassend dar.

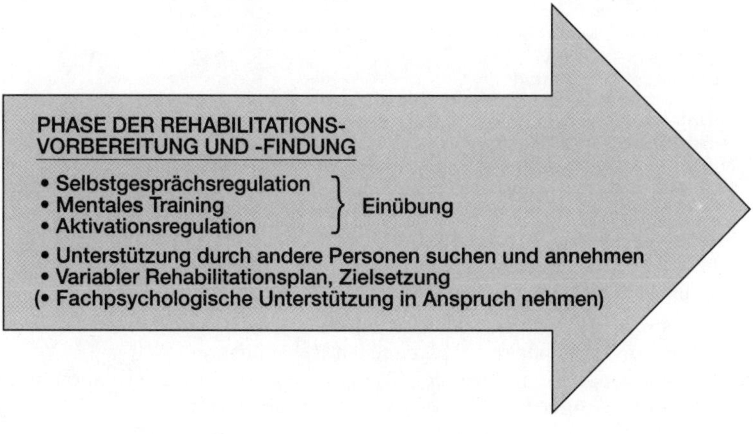

Abbildung 37
Psychologische Maßnahmen verletzter Athleten in der Phase der Rehabilitationsvorbereitung und -findung

Psychologische Trainingsformen

Mehrere Autoren (z. B. ROTELLA, 1982; IEVLEVA und ORLICK, 1993) betonen übereinstimmend die prominente Bedeutsamkeit der Selbstgesprächsregulation, des Mentalen Trainings und der Aktivationsregulation für die psychische Rehabilitation. Diese Techniken sollen gezielt – je nach Bedarf und Vorkenntnissen der verletzten Sportler – in dieser Phase eingeübt werden.

Die Betroffenen können somit bereits in einem frühen Rehabilitationsabschnitt das Gefühl entwickeln, für ihre Gesundheit und für die Wiedererlangung der Leistungsfähigkeit mitverantwortlich zu sein. Häufig ist es die Eigeninitiative der Athleten, wenn nach Rücksprache mit den Medizinern und anderen am Rehabilitationsprozeß beteiligten Personen eine Art *variabler Rehabilitationsplan* mit realistischen Teilzielen erstellt wird. Besonderes Augenmerk ist auch in dieser Phase dem Aufrechterhalten der Sozialbindungen (Familie, Freunde, Trainer, Mannschafts- oder Trainingskollegen usw.) zu widmen. Gerade bei Personen, die zu einem Gefühl der Einsamkeit, der Niedergeschlagenheit und der Hilflosigkeit als Belastungsreaktion neigen, sind Kontakte für die weitere psychische Befindlichkeit während der Rehabilitation von hoher Bedeutung. Der soziale Rückzug verstärkt im allgemeinen die negativen Emotionen. Angebotene Kontakte sollten von den sportlichen Rehabilitanden wahrgenommen und selbst gefördert werden.

Kontakte

Maßnahmen der Rehabilitanden in der Phase der sportlichen Rehabilitation

Abbildung 38 stellt zusammenfassend die Maßnahmen verletzter Athleten für die Phase der sportlichen Rehabilitation dar.

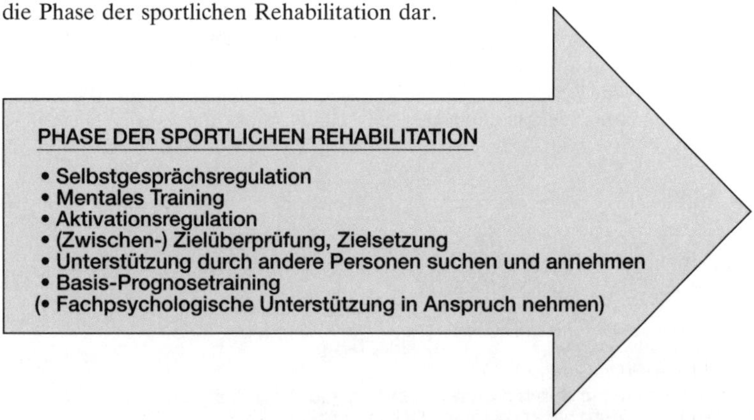

Abbildung 38 Psychologische Maßnahmen verletzter Athleten in der Phase der sportlichen Rehabilitation

In der Phase der sportlichen Rehabilitation steht der konsequente Einsatz beziehungsweise die Aufrechterhaltung bislang eingeübter psychologischer Trainingsformen im Mittelpunkt der psychischen Rehabilitation.

Selbstgesprächsregulation, Mentales Training und Aktivationsregulation sind nun vertraut und können auf Fertigkeitsniveau trainiert werden.

Psychologische Trainingsformen

So können rehabilitationsförderliche Selbstgespräche geführt und Formen des Mentalen Trainings zur Erleichterung sportartunspezifischer Übungen, zur Aufrechterhaltung einzelner sportlicher Elemente (z. B. ein Aufschlag im Tennis) oder für komplexe Bewegungsabläufe (z. B. eine Kür) eingesetzt werden. Wurde darüber hinaus auch ein Entspannungsverfahren eingeübt, so sollte dies weiterhin durchgeführt werden, so daß ein erleichterter Abruf des Entspannungserlebens zum jeweils gewünschten Zeitpunkt möglich wird.
Sollte es zwischenzeitlich zu besonders ausgeprägter Angstentwicklung gekommen sein, ist eine frühestmögliche fachlich-psychotherapeutische Beratung in Betracht zu ziehen.
Die zuvor gesetzten (Zwischen-)Ziele sollten auf ihr Erreichen hin überprüft und gegebenenfalls revidiert werden. Dies gilt sowohl für ein Übertreffen der Erwartungen als auch für weniger positive Entwicklungen. Angenehme persönliche Kontakte tragen – insbesondere bei längerer Immobilität, bei Aufenthalten in entfernten Rehabilitationszentren oder auch bei längerer Wartezeit bis zur Wiederaufnahme des Trainings – zur positiven Befindlichkeit und somit zur Förderung der psychischen Rehabilitation bei.
Der Einsatz des Basis-Prognosetrainings hilft in der Phase der sportlichen Rehabilitation, das Selbstvertrauen in die eigene Leistungsfähigkeit zu stärken und wieder aufzubauen. Das Training kann sowohl mit sportartunspezifischen als auch mit -spezifischen Übungen durchgeführt werden. In der Regel kommen jedoch lediglich unspezifische Übungen zum Einsatz, da die Genesung zu diesem Zeitpunkt oft noch nicht ausreichend fortgeschritten ist. In jedem Fall ist das Training mit den Fachkräften im Vorfeld abzusprechen, um Risiken auszuschließen.

Maßnahmen der Rehabilitanden in der Phase der Vorbereitung auf den Wettkampfalltag

Abbildung 39 stellt zusammenfassend die Maßnahmen der Rehabilitanden in der Phase der Vorbereitung auf den Wettkampfalltag dar.

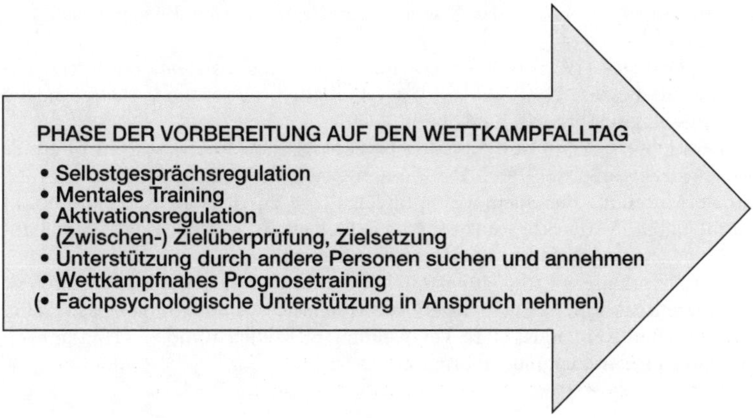

Abbildung 39 Psychologische Maßnahmen der Rehabilitanden in der Phase der Vorbereitung auf den Wettkampfalltag

Auch in der abschließenden Rehabilitationsphase gilt es, die eingeübten psychologischen Trainingsformen aufrechtzuerhalten. Klare Zielsetzungen sollten auch für diesen Zeitraum vorliegen.

Psychologische Trainingsformen

Zur Stützung der Selbstsicherheit und des Vertrauens in die eigene Wettkampfkompetenz haben sich in der Praxis spezielle Formen psycho-physisch beanspruchenden Trainings bewährt. Mit zunehmender Leistungsfähigkeit können sie zu einem wettkampfnahen Prognosetraining gesteigert werden, wobei sich die Rehabilitanden bewußt hohen Leistungsansprüchen stellen müssen. Athleten sollen lernen, unter hohen Trainingsbelastungen ihre aktuelle Leistungsfähigkeit einschätzen zu können und Trainingserfolge als Hinweis für ansteigende Wettkampfstabilität wahrzunehmen.

Diese Trainingsformen können zunächst allein durchgeführt werden, sind jedoch zu einem späteren Zeitpunkt in Kooperation mit dem Trainer effektiver gestaltbar.

Schmerzmanagement

Schmerz kann allgemein als eine multifaktorielle psycho-physische Gesamtreaktion des Menschen auf schädigende Reize bezeichnet werden. Da Menschen individuell auf Schmerzen reagieren und Empfindungen ganz unterschiedlich zum Ausdruck gebracht werden, ist es für Außenstehende nicht einfach, den tatsächlich erlebten Schmerzgrad abzuschätzen. Für Rehabilitanden, deren Genesungsprozeß maßgeblich von Schmerzempfindungen beeinträchtigt wird, ist es daher wichtig, auch selbst zum Schmerzmanagement beizutragen, anstatt ausschließlich auf Besserung, Physiotherapie und Pharmakonwirkung zu hoffen.

Sind Schmerzen auch in der letzten Phase der Rehabilitation noch vorhanden, wird das Training maßgeblich beeinflußt. Aus den Untersuchungen von Brewer, Van Raalte und Linder (1990) kann geschlossen werden, daß Schmerzen die motorische Leistungsentwicklung zum Ende einer Rehabilitation um so stärker beeinträchtigen, je höher die Komplexität der trainierten Bewegungsabläufe ist.

Nach Birbaumer (1986) ist Schmerz auf drei Ebenen als Reaktionsmuster des Organismus beschreibbar: subjektiv-psychologisch, motorisch-verhaltensmäßig und physiologisch-organisch (Abbildung 40).

Subjektiv-psychologische Schmerzebene

Schmerz kann sich auf der subjektiv-psychologischen Ebene sowohl offen als auch verdeckt äußern. Offene Reaktionen, wie z. B. Weinen, Stöhnen oder die verbale Mitteilung des Schmerzempfindens, sind durch Außenstehende direkt wahrnehmbar. Verdeckte Reaktionen wie Gedanken, Gefühle oder Vorstellungen hingegen sind zunächst rein interne Prozesse.

Motorisch-verhaltensmäßige Schmerzebene

Motorisch-verhaltensmäßig äußert sich Schmerz als einzelne oder komplexe muskuläre Reaktion. Beispiele hierfür sind mimische Veränderungen nach einem schmerzhaften Reiz, muskuläre Verspannung oder auch komplexe Handlungen wie Schutzgesten oder Fluchtverhalten.

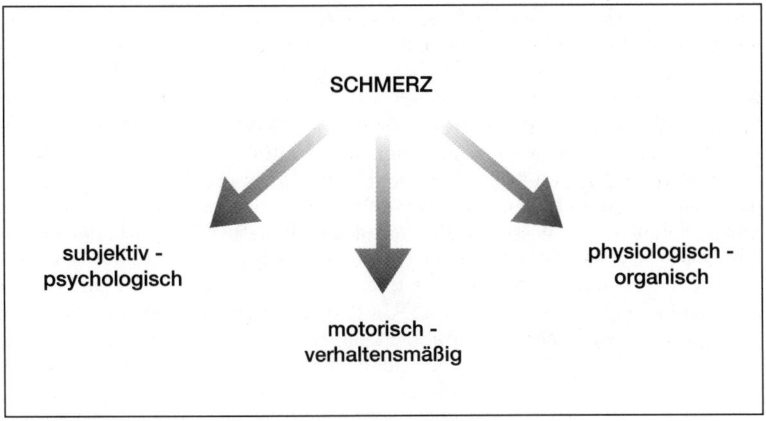

Abbildung 40
Drei Ebenen der Schmerzreaktion nach Birbaumer (1986)

Physiologisch-organische Schmerzebene

Auf der physiologisch-organischen Ebene ist Schmerz primär eine Erregung der Schmerzrezeptoren (Nozizeptoren) im zentralen und im autonomen Nervensystem, bei der bestimmte Schmerzstoffe freigesetzt werden. Schmerzempfindungen können aber auch durch eine Vielzahl anderer körperinterner Ereignisse ausgelöst werden.
Der Zusammenhang zwischen diesen drei Ebenen fällt in der Regel bei wissenschaftlichen Überprüfungen sehr gering aus. Dies bedeutet: Bei Vorhandensein eines Schmerzindikators (z. B. subjektiv-psychologisch: »Ich habe Knieschmerzen.«) kann noch nicht auf das Vorhandensein auf einer anderen Reaktionsebene geschlossen werden. Dieser Umstand führt unter ungünstigen Bedingungen dazu, daß Personen mit ihren Schmerzempfindungen nicht genügend ernst genommen werden, wenn nach fachlicher Meinung kein weiteres (körperliches) Indiz für Schmerzen besteht.
Schmerzen können jedoch auch ausschließlich auf subjektiver Ebene existieren – genauso wie es möglich ist, daß die an Schmerzrezeptoren meßbaren Erregungszustände keine Schmerzempfindungen auslösen. Personen, die Schmerzen erleben, aber dazu keinen Organbefund haben, erleben ihre Schmerzen stärker und diffuser (Birbaumer, 1986). Aus psychologischer Sicht ist dieser Umstand kaum verwunderlich, da die Unsicherheit über den Schmerzgrund Ängste, Hilflosigkeit und ein Gefühl des Kontrollverlusts hervorrufen kann, die ihrerseits sensibilisierend auf die Schmerzempfindung wirken.
Psychologische Techniken zur Schmerzbewältigung sollten vor allem dann eingesetzt werden, wenn

- kein körperlich nachweisbarer Schmerzbefund (Schmerzgrund) vorliegt.
- zwar ein körperlicher Befund vorliegt, die medizinischen Maßnahmen bislang aber keine Verbesserung erbrachten.
- Verbesserungen nach medizinischen Maßnahmen zu gering sind.

Eine medizinische Untersuchung beziehungsweise Vorabklärung muß – auch um das Risiko bei schmerzenden Bewegungen abschätzen zu können – zwingend allen psychologischen Maßnahmen vorausgehen. In den Fällen, in denen durch ein selbstinitiiertes psychologisches Vorgehen keine Erleichterung zu verzeichnen ist, sollte fachpsychologische Beratung oder Betreuung in Betracht gezogen werden. Gleiches gilt, wenn schmerzbegleitend starke Ängste und Gefühle der Depression auftreten oder wenn der behandelnde Mediziner eine psychotherapeutische Beratung/Behandlung vorschlägt.
Turk, Meichenbaum und Genest (1983) haben in ihren Untersuchungen mehrere Faktoren gefunden, die einen Behandlungserfolg psychologischer Schmerzbewältigung fördern. Unter anderem tragen ein intaktes privates Umfeld (Familie) und die soziale Kompetenz im Umgang mit anderen Personen zu einer günstigen Entwicklung bei. Wahrgenommene soziale Unterstützung (vgl. S. 108ff.) und das eigene Verhalten gegenüber anderen spielen demnach auch für die Schmerzbewältigung eine wichtige Rolle.

Schmerzmanagement in der Praxis

Achtung!

Aus der Vielzahl der Möglichkeiten, Schmerz mit psychologischen Mitteln zu bewältigen, werden im folgenden einige herausgestellt, die verletzte Athleten selbst initiieren oder auch allein durchführen können. Es muß jedoch auch an dieser Stelle dringend darauf hingewiesen werden, daß Schmerzen prinzipiell als Warnsignale des Körpers verstanden werden sollen und einer medizinischen Abklärung bedürfen. Eigenes Schmerzmanagement ist erst der zweite Schritt!

Entspannung und Biofeedback

Voraussetzung für eine anhaltend schmerzlindernde Wirkung von Entspannungstechniken ist ihr sorgfältiges Einüben sowie die Aufrechterhaltung auch über die Rehabilitationsphase hinaus. Am häufigsten untersucht wurden die klassischen Entspannungstechniken (vgl. S. 70ff.): Progressive Muskelrelaxation und Autogenes Training. Sie zeigten die höchste Effektivität, wenn die jeweiligen Schmerzen durch Angst- und Spannungszustände ausgelöst oder verstärkt wurden. Speziell Autogenes Training wird seit mehreren Jahrzehnten in klassischer oder abgewandelter Form zur Schmerzlinderung und Schmerzbewältigung mit Erfolg eingesetzt.
Birbaumer (1986) weist darauf hin, daß bei Rückenschmerzen EMG-Biofeedback (vgl. S. 86f.) effektiver zu sein scheint als der Einsatz von Entspannungstechniken.

Mentales Training

Allein oder in Kombination mit Entspannungstechniken kann auch das Mentale Training (S. 45ff.) zur Schmerzbewältigung beitragen. Das Vorgehen erinnert teilweise an die Technik der Systematischen Desensibilisierung (Wolpe, 1972). Wie auch die Entspannungsverfahren findet dieses Vorgehen in der Praxis vor allem bei Spannungs-Angst-Schmerz-Kombinationen Anwendung. Erfahrungsgemäß hilft es vor allem jenen Rehabilitanden, die den Schmerz auch unmittelbar mit dem Verletzungseintritt erlebt haben oder in Verbindung bringen. Das

Verfahren entwickelt seine größte Wirksamkeit bei Personen, die sich bereits in der sportlichen Rehabilitationsphase befinden und eine hohe Schmerzsensibilität bei (medizinisch unbedenklichen) Bewegungen und Übungen aufweisen. Voraussetzung sind das Beherrschen einer Entspannungstechnik und die Fähigkeit, sich lebhaft Situationen und Empfindungen vorstellen zu können.

Zunächst wird eine Liste mit mehreren, maximal 10 typischen schmerzenden Sport- oder Alltagsbewegungen (Übungen, Situationen) aufgestellt und dann in eine Rangreihe gebracht. Die Bewegung, die in der Praxis am wenigsten Schmerz auslöst, wird auf ein Blatt ganz nach oben geschrieben. Die anderen folgen darunter mit subjektiv zunehmendem Schmerzgrad. In einer ungestörten Situation bringt man sich in einen Entspannungszustand. Die Entspannung kann durch die Vorstellung eines Entspannungsbilds (z. B. an einem einsamen Strand liegen; auf einem Berggipfel stehen, von dem aus man in ein Tal blickt) erleichtert und stabilisiert werden. Fühlt man sich angenehm entspannt, wechselt man die Vorstellung und versucht, sich die erste – eigentlich leicht schmerzende – Bewegung der oben genannten Liste 1 Minute lang vorzustellen. Während der Visualisierung wird die Entspannung soweit wie möglich aufrechterhalten. Nach der Minute konzentriert man sich wieder verstärkt auf die Entspannung. Sind während der intensiven Vorstellung weder Schmerzen noch Ängste und Spannungen aufgetreten, wird nach demselben Verfahren die auf der Liste nachfolgende Bewegung vergegenwärtigt. Die Vorstellungen werden jeweils sofort unterbrochen und von Entspannungsübungen abgelöst, wenn irgendwelche Gefühle des Unwohlseins auftreten.
Die Übungsdauer sollte pro Einheit nicht mehr als 15 Minuten betragen. Es wird immer mit einer Entspannung geendet.

Man muß nicht unbedingt die ganze Liste erfolgreich bewältigt haben, um eine Schmerzlinderung zu erfahren. Erfahrungsgemäß zeigen sich erste generelle Effekte schon, wenn man einige der angezielten Bewegungen entspannt durchdenken konnte. Übungen, die in Gedanken ohne Beeinträchtigung durchlebt werden konnten, müssen baldmöglichst in der Praxis umgesetzt werden. Treten dann wider Erwarten Schmerzen mit vergleichbarem Intensitätsgrad wie zuvor auf, ist das Mentale Training dieser Bewegung in entspanntem Zustand zu wiederholen. Auf der Liste wird dann an dieser Stelle weitergemacht, selbst wenn es einen Rückschritt bedeutet. Zu Beginn des Verfahrens kann die Schmerzsensibilität kurzzeitig nochmals etwas erhöht sein. Bleibt sie es, und/oder kommt man auf der Liste nach mehreren Übungseinheiten schon im oberen Drittel nicht weiter, ist anzuraten, einen verhaltenstherapeutisch orientierten Psychologen um Rat zu fragen.

Gesprächskontakte/Information
Besonders wichtig für das Schmerzerleben ist das Wissen um die Schmerzursachen sowie die Gründe und den genauen Ablauf der Behandlungsmaßnahmen, um ein gewisses Gefühl der Kontrolle über die Situation zu behalten. Daher sollten die medizinischen Fachkräfte zu diesen Punkten genau befragt werden.

Generell erweisen sich Gesprächskontakte als unterstützend in problematischen Phasen der Rehabilitation, insbesondere in Phasen mit hoher Schmerzintensität. Fachliche Fragen sollten vornehmlich mit Personen geklärt werden, die vom Rehabilitanden dafür als kompetent eingestuft werden. Der private Austausch mit Personen aus dem familiären oder freundschaftlichen Umfeld trägt ebenfalls direkt (z. B. durch Ablenkung) und indirekt (z. B. vermittelt über eine Steigerung des Selbstwertgefühls) zum verbesserten Schmerzmanagement bei. Isolation und Rückzug von anderen sind das denkbar schlechteste Vorgehen!

Aktivitäten

Sobald es medizinisch unbedenklich ist, sollten Rehabilitanden ihre Aktivitäten erhöhen – ohne zu übertreiben. Diese Aktivitäten können sich auf die beeinträchtigten Körperteile speziell (Einstieg in ein Rehabilitationsprogramm), auf andere – nicht betroffene – Strukturen beziehen (Training anderer Körperteile) oder auch allgemeiner Natur sein. Letzteres hängt von den jeweils gegebenen Möglichkeiten ab.

Mit zunehmendem Rehabilitationsfortschritt hat es sich bei vielen Sportlern, auch aus motivationalen Gründen, als hilfreich erwiesen, wenn Aktivitäten durchgeführt wurden, die das eigene Handlungsfeld erweitern und nicht ausschließlich mit Sport zu tun haben. Dies können z. B. Besuche kultureller Veranstaltungen und dergleichen sein.

Eine Erhöhung der Aktivitäten hat auf das Schmerzgeschehen mehrere positive Einflüsse:

- Abnahme des Meidungs- und Schonungsverhaltens und damit verbunden eine Abnahme der negativen Verstärkung des Schmerzerlebens.
- Zunahme der Sozialkontakte als positiver Verstärker für normales Leben.
- Schmerzmindernde und antidepressive Wirkungen durch Ablenkung.
- Verbesserte Kondition und Normalisierung des Schlafs und damit eine verbesserte psycho-physische Gesamtbefindlichkeit.

Sobald wie möglich sollten also spezielle oder allgemeine Aktivitäten geplant und durchgeführt werden.

Selbstregulation / Selbstkontrolle

Verschiedene Formen der Selbstkontrolle sind im folgenden dargestellt.

Wahrnehmungsregulation – Ablenkung nach innen und außen: Aktuell auftretende Schmerzen können durch intensive Beachtung verstärkt und ausgelöst werden. Eine Ablenkung nach innen (z. B. Schachspielen im Kopf, Kopfrechnen, Situationen durchspielen, Mentales Training, angenehme Phantasien, Vorstellungen aus dem Autogenen Training) oder nach außen (Umgebungsreize genau wahrnehmen) kann in der Situation unmittelbar Erleichterung verschaffen.

Selbstgesprächsregulation: Mittels Gedanken oder innerer Monologe lenkt man unter Umständen seine Wahrnehmung immer wieder auf den Schmerz und verstärkt ihn damit (»Immer wenn ich mich so bewege, steigen die Schmerzen an, das passiert bestimmt gleich wieder!«). Klare, positive Instruktionen für das, was man gerade tun möchte oder tut, richten die Aufmerksamkeit auf die Ausführung und nicht auf begleitende Schmerzen (»Ich setze mich jetzt auf und halte mich mit der rechten Hand an dem Bügel fest!«). Positive Wirkung hat auch die Selbstverstärkung, also sich per Selbstgespräch für gelungene Aktionen selbst zu loben und sich zu freuen (»Das klappt ja super!«, »Gut gemacht!«).

Feedback-Kontrolle: Vielfach erhält man von seiner Umwelt die Bestätigung für die eigene schlechte Befindlichkeit dadurch, daß man sie zuvor ohne Worte selbst signalisiert hat und die anderen darauf reagieren. Dieser Feedback-Effekt hat dann wieder negative Wirkung auf das eigene (Schmerz-)Erleben.

Wer also häufig mit hängendem Kopf und Schultern sowie einem schmerzverzerrten Gesicht seiner Umwelt zeigt, wie schlecht es ihm subjektiv geht, dem werden die anderen – zumindest eine Zeitlang – verstärkt mit Mitleid und Hilflosigkeit gegenübertreten. Das Verhalten der anderen stützt und verstärkt den eigenen negativen Ausdruck und damit auch die eigene negative Befindlichkeit.

Dieser Feedback-Mechanismus »funktioniert« auch personintern: Der eigene Körperausdruck wird als Signal für schlechte Befindlichkeit registriert und wirkt selbstverstärkend. Also: Kopf hoch!

Verlaufskontrolle: Die Messung der erlebten Schmerzintensität kann ebenso hilfreich sein wie schmerzverstärkend. Verwendet man ein Instrument zur Schmerzmessung, kann es einen positiven Verlauf dokumentieren und dadurch indirekt die Schmerzsensibilität vermindern. Andererseits werden die Gedanken immer wieder auf die Schmerzwahrnehmung gelenkt. Rehabilitanden, die eine Schmerz-Verlaufskontrolle selbst durchführen wollen, sollten genau beobachten, ob irgendwelche negativen Effekte dadurch auftreten, wie z. B. verstärkte Schmerzwahrnehmung, Schmerzgefühlsauslösung oder negative Grundstimmungen. Als beste Möglichkeit der subjektiven Schmerzmessung haben sich visuelle Analogskalen (Abbildung 41) herausgestellt.

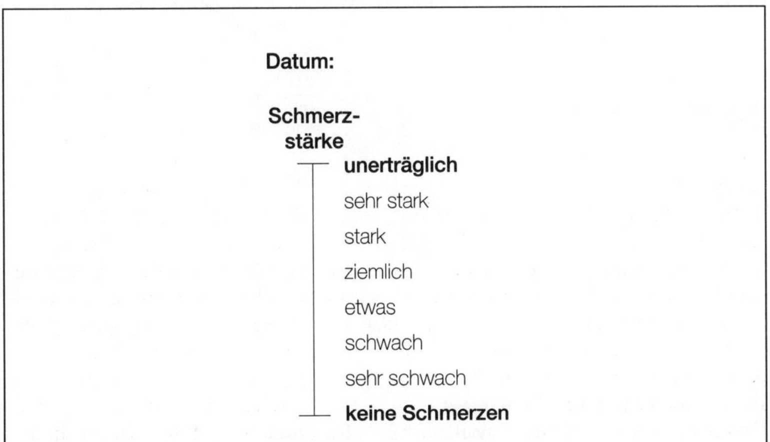

Abbildung 41
Visuelle Analogskala zur Schmerzeinschätzung

Ein- bis zweimal täglich – zu festen Zeitpunkten – wird anhand der Skala die aktuelle Schmerzintensität festgestellt. Zwischen den beiden Extrempunkten »keine Schmerzen« und »unerträglich« wird die erlebte Schmerzintensität angekreuzt. Die Abstufungen »sehr schwach«, »schwach«, »etwas«, »ziemlich«, »stark« und »sehr stark« dienen der Orientierung, müssen aber nicht direkt markiert werden.

Die Verläufe kann man dann anhand einer Grafik (Abbildung 42) über mehrere Tage und Wochen darstellen. Negative Entwicklungen sollten als Aufforderung verstanden werden, das Schmerzmanagement zu intensivieren, und die behandelnden Mediziner auf den Verlauf aufmerksam machen. Weist die Grafik eine positive Tendenz auf, so ist sie als nachvollziehbare Bestätigung des Rehabilitationsfortschritts ein wichtiges Dokument.

Abbildung 42
Exemplarischer Schmerzverlauf über eine Woche – gemessen jeweils morgens nach dem Frühstück und abends vor dem Zubettgehen

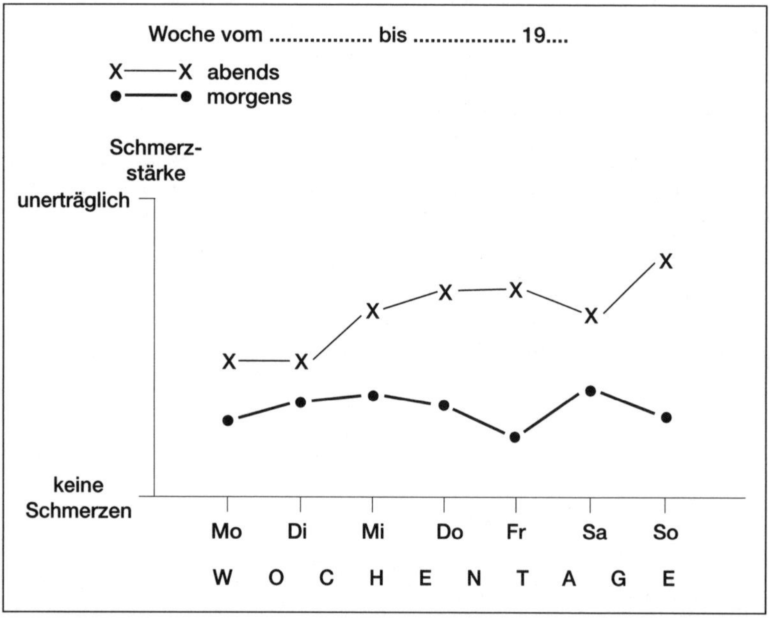

Zur Verbesserung der Selbstkontrolle mit Zielrichtung »Kompetenzerwartung« sollten zu den genannten Maßnahmen in den letzten beiden Rehabilitationsphasen zumindest einmal pro Woche Formen des Prognosetrainings (vgl. S. 95 ff.) durchgeführt werden.

Passive physikalische Maßnahmen

Die psychischen Effekte physikalischer Maßnahmen sind seit vielen Jahren unbestritten. Als besonders unterstützend für das Schmerzmanagement haben sich passive physikalische Maßnahmen, wie z. B. Massage, Anwendung von Kälte und Wärme, Elektrotherapie und Bewegungsbäder, herausgestellt. Solche Verfahren sollten, wenn sie nicht ohnehin ärztlich verordnet sind, von Rehabilitanden zur Schmerzbekämpfung optional in Betracht gezogen werden. Kann eine fachliche physikalische Behandlung nicht vorgenommen werden (z. B. aus versicherungstechnischen Gründen), so kann mit dem Mediziner eine zielgerichtete Eigenbehandlung besprochen werden, wie z. B. Selbstmassage, Dampfbad, Sauna oder Bäder.

Schlagworte zum Schmerzmanagement

- Schmerzmanagement in Eigenregie bedarf einer medizinischen Vorabklärung.
- Zur Linderung und Bewältigung der Schmerzen haben sich verschiedene Maßnahmen bewährt. Welche individuell hilfreich sind, kann entweder mit psychologisch geschulten Fachkräften besprochen oder nach Selbsteinschätzung ausprobiert werden.
- Entspannungsverfahren, insbesondere das Autogene Training, haben eine lange Tradition bei der Schmerzbekämpfung und zeigen gute Wirksamkeit. Sie können als Mentales Training auch mit bestimmten Bewegungsvorstellungen gekoppelt werden.
- Isolation und Rückzug von anderen sollten in jedem Fall vermieden werden.
- Aktivitätenplanung und -durchführung dienen dem Schmerzmanagement nicht nur aus Ablenkungsgründen, sondern auch wegen des damit verbundenen sozialen Kontakts.
- Zur Selbstkontrolle haben sich Techniken der Wahrnehmungsregulation, der Selbstgesprächsregulation sowie der Feedback- und Wahrnehmungskontrolle bewährt.
- Regelmäßiges Prognosetraining erhöht die Kompetenzerwartung und stärkt das Selbstvertrauen. Beide Faktoren tragen maßgeblich zum Gelingen des Schmerzmanagements bei.

Trainerverhalten

Das Verhalten der Trainer wird in diesem Buch im Rahmen des psychologischen Aufbautrainings behandelt, weil es während der gesamten Rehabilitationszeit hohe Bedeutsamkeit erlangt: Zunächst vor allem als Beitrag zur sozialen (emotionalen) Unterstützung, später unter anderem im psychologischen Aufbautraining, das vom Trainer (mit-)initiiert, geübt und unterstützt werden sollte. Trainer können somit den Genesungsprozeß maßgeblich fördern oder – im negativen Fall – auch hemmen.

Vertrauen im zwischenmenschlichen Bereich

Leitmotiv für die Annahme des genesungsunterstützenden Verhaltens ist das Vertrauen, das die Athleten ihren Trainern entgegenbringen. Dabei geht es weniger um Vertrauen bezüglich des Mannschaftsplatzes oder anderer sportlicher Kompetenzen, als vielmehr um die zwischenmenschliche Beziehung. Nur Trainer, denen es gelingt, das Vertrauen der Athleten in dieser sensiblen Phase

ihrer sportlichen Entwicklung zu erlangen oder aufrechtzuerhalten, sind in der Lage, Sportler auf ihrem Weg der psycho-physischen Rehabilitation wirklich zu unterstützen.
Vertrauen muß bereits im sportlichen Alltag aufgebaut und gefördert werden. Die Trainer sollten für die Athleten in jeder Hinsicht verläßliche und ansprechbare Partner bei der Entwicklung sportlicher Leistungen darstellen.

Sportler-Trainer-Verhältnis

Vielfach ist zu beobachten, daß das Verhalten der Trainer in der Verletzungszeit auch maßgeblich das Sportler-Trainer-Verhältnis in der Folgezeit bestimmt. So finden manche plötzlich einen gemeinsamen Draht, andere fühlen sich voneinander enttäuscht und tragen diese Ansicht dann weiter mit sich herum.
Vertrauen ist selbstverständlich keine Einbahnstraße. Nicht nur Athleten müssen das Gefühl haben, sich auf ihre Trainer verlassen zu können, sondern umgekehrt muß auch der Trainer seinen Athleten vertrauen. Mit Blick auf eventuelle Athletenprobleme in der schwierigen Zeit einer längerfristigen Rehabilitation sollten aber buchstäblich die ersten Schritte vom Trainer ausgehen, indem er mit dem Rehabilitanden Kontakt aufnimmt und regelmäßig hält. Vertrauensfördernde Initiativen des Trainers leisten meist schon einen wesentlichen Beitrag zur Rehabilitationsmotivation und zur Genesung.
Vertrauen in den Trainer resultiert primär aus drei wesentlichen Bedingungen:

- Akzeptanz,
- Verständnis sowie
- Kontakt- und Hilfsbereitschaft (Abbildung 43).

Abbildung 43 Primärbedingungen zur Entwicklung beziehungsweise Aufrechterhaltung des Vertrauens zum Trainer

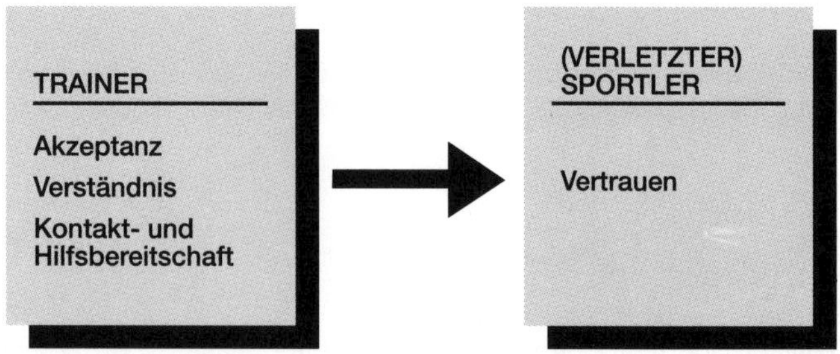

Persönliche Akzeptanz und entgegengebrachtes Verständnis gelten seit den Arbeiten von Rogers (1951) als Grundlage im vertrauensvollen Umgang miteinander.

1. Akzeptanz
Verletzte Athleten benötigen das Gefühl einer persönlichen Akzeptanz im Kontakt mit den Trainern. Wichtig dabei ist, daß sie *vorbehaltlos* ist. Vertrauen geht verloren, wenn der Eindruck entsteht, daß der Trainer dabei ausschließlich an den später wieder »funktionierenden Athleten« denkt.

Sicheres Anzeichen für entgegengebrachte Akzeptanz ist, wenn der Trainer auch aktiver Zuhörer sein kann und sich bei Besuchen oder anderen Kontakten über Dinge unterhält, die nicht nur den Sport und die Verletzung betreffen. Im Rahmen des Aufbautrainings und der Vorbereitung auf den ersten Wettkampf sollte von Trainerseite immer wieder genau nach der Befindlichkeit und dem Genesungsfortschritt gefragt werden.

Trainer als aktiver Zuhörer

2. Verständnis
Athleten benötigen vom Trainer Verständnis für ihre individuelle Situation und ihr Verhalten in den verschiedenen Rehabilitationsphasen. Sie sollten die Sicherheit haben, sich weder für ihren »Ausfall« noch dafür, daß Kopf und Körper noch nicht die angezielten Leistungen im Aufbautraining oder in der Wettkampfvorbereitung bringen, entschuldigen zu müssen.

3. Kontakt- und Hilfsbereitschaft
Unterstützungsangebote und Besuche in allen Phasen, in denen der Rehabilitand noch nicht wieder selbst zum Trainingsgelände kommen kann, signalisieren Kontakt- und Hilfsbereitschaft. Die Angst mancher Trainer, sie förderten auch das Anspruchsdenken nach der Verletzungszeit, wenn sie sich um Rehabilitanden zu stark kümmern, ist erfahrungsgemäß unbegründet. Gleichwohl sollte es vom Trainer vermieden werden, aus Motivationsgründen Dinge zu versprechen (z. B. einen absehbaren Stammplatz in der Mannschaft), die nicht mit Sicherheit eintreten.

Unterstützung

Je nach Sportart (Mannschaft, Einzel), Verletzungsart und -dauer, Saisonzeitpunkt, Persönlichkeit des Athleten und des Trainers, Vorerfahrungen sowie organisatorischen Bedingungen und Möglichkeiten kann ein rehabilitationsförderliches Verhalten des Trainers sehr unterschiedlich ausfallen. Es ist unter Umständen auch möglich, daß einzelne Vorgehensweisen und Angebote nicht angenommen werden oder bei den Athleten sogar auf Ablehnung stoßen. Persönliche Vorerfahrungen mit dem Sportler sollten in jedem Fall mitberücksichtigt werden.

Unterstützendes Trainerverhalten in der Praxis

Die folgenden Ausführungen richten sich direkt an die Trainer. Nach Phasen getrennt, werden Vorschläge für unterstützendes Trainerverhalten in der Rehabilitation ihrer Sportler dargelegt. Das angezielte Verhalten betrifft jeweils den Kontakt, die Motivation und das psychologische Aufbautraining.

Unterstützendes Trainerverhalten in der Akutphase
Kontakt/Motivation: Kontakt aufnehmen, Kontinuität des Kontakts versichern, aktiv zuhören, nachfragen. Diagnose der psychischen Befindlichkeit durch Beobachtung und Nachfragen. Negative Emotionen zwar akzeptieren, ihnen aber gleichzeitig entgegentreten (»Daß Du Dir im Moment Sorgen machst, ist verständlich. Wenn Du aber demnächst das Krankenhaus verlassen hast, sieht die Welt schon wieder anders aus.«). Initiative: andere (Teamkollegen, Vereinsmitglieder) zur Kontaktaufnahme auffordern.

Psychologisches Training: Von der Möglichkeit berichten, durch psychologisches Aufbautraining die Genesung zu fördern und den Wiedereinstieg in Training und Wettkampf zu erleichtern; eventuell von früheren Erfahrungen (anderer Sportler) berichten.

Unterstützendes Trainerverhalten in der Phase der Rehabilitationsvorbereitung und -findung
Kontakt: Kontakt zum Rehabilitanden aufrechterhalten, Ansprechbarkeit auch außerhalb der Besuchszeiten verdeutlichen. Eventuell Kontaktaufnahme zu Eltern oder Lebenspartnern, um sich auszutauschen. Psychische Befindlichkeit durch Beobachtung und Nachfragen in Erfahrung bringen.
Motivation: Motivation zur konsequenten Rehabilitation (Rehabilitationsprogramm) stärken, vor überhöhten Erwartungen und zur Geduld mahnen. Unterstützung bei einer ersten groben (Zwischen-)Zieldefinition. Teilnahme an der Planung des (körperlichen) Aufbautrainings, auch wenn es zunächst nicht vom Trainer selbst geleitet wird.
Psychologisches Aufbautraining: Erste Maßnahmen des psychologischen Aufbautrainings vermitteln, werben für den konsequenten Einsatz der psychologischen Trainingsformen.

Unterstützendes Trainerverhalten in der Phase der sportlichen Rehabilitation
Kontakt: Regelmäßiger Kontakt, Ansprechbarkeit verdeutlichen. Beobachtung der psychischen Entwicklung mit Fortschreiten der Rehabilitation. Besonderes Augenmerk auf negative Befindlichkeiten und Verhaltensweisen bei körperlichen Rückschlägen oder bei Stillstand des Genesungsfortschritts. Bei psychischen Problemen: Vorschlag der Intensivierung einzelner Maßnahmen des psychologischen Aufbautrainings oder Vorschlag an den Sportler, sich einmal bei einem Sportpsychologen zu informieren.
Motivation: Unterstützung bei weiteren kurz- und mittelfristigen Zielsetzungen; nachfragen, ob erste Kurzzeitziele erreicht wurden. Weiterhin gleichzeitig zu konsequenten Rehabilitationsbemühungen anhalten und vor übertriebenen Erwartungen der Genesungs- und Leistungsentwicklung warnen. Mitnahme als Zuschauer zu Wettkämpfen; eventuell Aufgaben geben, z. B. Beobachtung eines späteren Gegners, Pressemeldung schreiben, Teilorganisation. Absicht: erste Reintegrationsschritte einleiten, Selbstbewußtsein fördern. Im Aufbautraining behutsam vorgehen, loben, Genesungsfortschritte nicht nebenbei als selbstverständlich annehmen. Kritik nur konstruktiv!
Psychologisches Aufbautraining: Neben dem körperlichen auch das psychologische Aufbautraining fördern. Selbstbewußtsein der sportlichen Leistungsfähigkeit und Selbstsicherheit fördern durch Einführen und wiederholtes Durchführen eines Trainings der Kompetenzerwartung (vgl. S. 45 ff.). Hierbei jedoch keinen direkten Leistungsvergleich mit gesunden Sportlern anstreben.

Unterstützendes Trainerverhalten in der Phase der Wettkampfvorbereitung
Kontakt: Ansprechbarkeit signalisieren, auch und gerade dann, wenn Probleme auftauchen sollten oder noch nicht im Griff sind. Beobachten (Trainingsverhal-

ten, Umgang mit anderen, Krisenbewältigung) der psychischen Befindlichkeit, eventuell Vorschlag, einen Sportpsychologen zu konsultieren.
Motivation: Unterstützen bei weiteren (Zwischen-)Zielsetzungen; Zielüberprüfung, auch Zieländerung. Mitnehmen als Zuschauer, eventuell Aufgaben geben.
Psychologisches Training: Psychologisches Training weiter unterstützen, bei stabiler Leistungsfähigkeit Wettkampfkompetenz (S. 99ff.) trainieren.

Schlagworte zum unterstützenden Trainerverhalten

- Trainer können zu allen Phasen der Rehabilitation maßgeblich positiv beitragen, vorausgesetzt, es besteht Vertrauen zwischen ihnen und dem betroffenen Athleten.
- Basis des Vertrauens sind Akzeptanz, Verständnis sowie Kontakt- und Hilfsbereitschaft.
- Trainer sollten die (Zwischen-)Zielsetzungen in der Rehabilitation mitgestalten.
- Trainer sollten das psychologische Aufbautraining (mit-)initiieren und fördern.
- Selbstvertrauen und Selbstsicherheit der Athleten in ihre körperliche Leistungsfähigkeit und Wettkampffähigkeit können durch vom Trainer gestaltete psychologische Trainingsformen zur Kompetenzerwartung gefördert und gestützt werden.

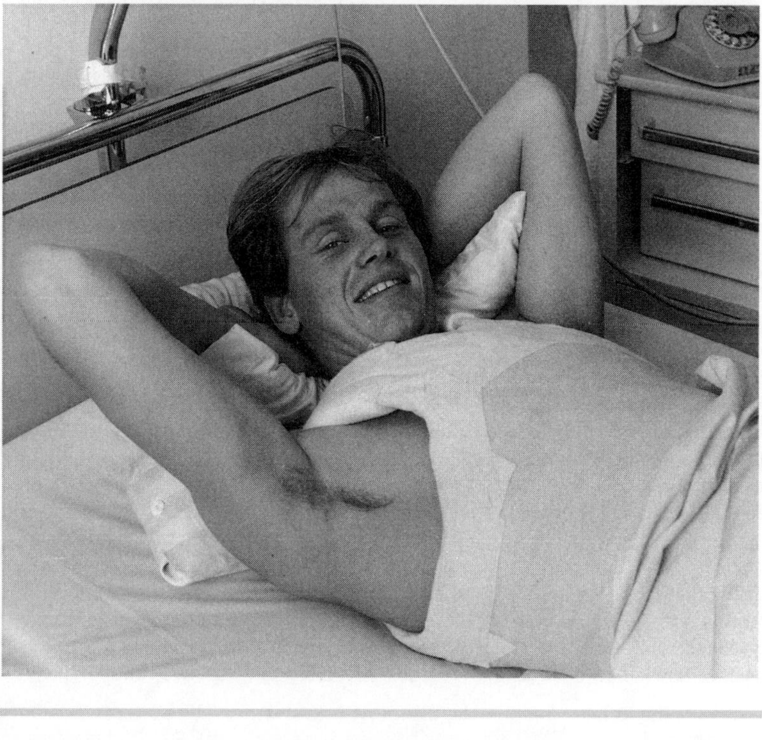

4 Psychische Rehabilitation verletzter Sportler – eine interdisziplinäre Aufgabe

Aus allen differenzierten Definitionen zum Begriff der Rehabilitation geht hervor, daß sie ein bio-psycho-sozialer Wiederherstellungsprozeß ist, der nicht allein aus einem Fachbereich heraus erfolgreich bestritten werden kann, da die verschiedenen Faktoren ineinandergreifen (Abbildung 44) und sich gegenseitig beeinflussen.

Abbildung 44
Die Rehabilitation – ein bio-psycho-sozialer Prozeß mit den Komponenten Physis, Psyche und soziale Umwelt

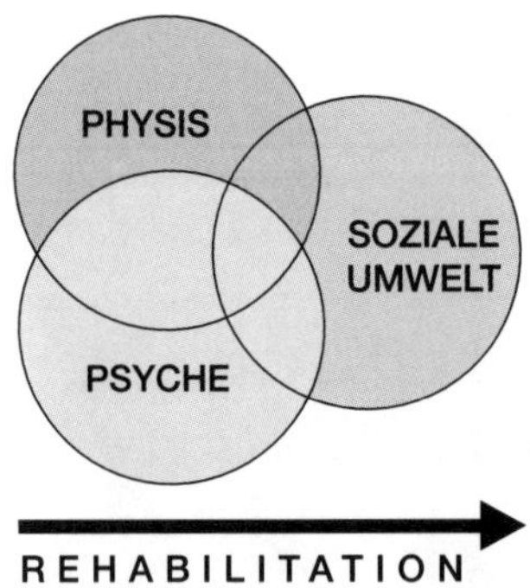

Definition zur Rehabilitation

Berücksichtigt man, daß die Rehabilitation trotz einer günstigenfalls positiven Entwicklung nur selten einer starren zeitlichen Gliederung unterliegt, so sollte sie als »Kontinuum mit wechselnden Schwerpunkten zur bestmöglichen Herstellung oder Wiederherstellung der psycho-physischen Unversehrtheit« (modifiziert nach Wiedemann, 1977) angesehen werden.

Daraus jedoch abzuleiten, daß neben Personen, die sich um die Wiederherstellung der körperlichen Unversehrtheit bemühen, eben auch jemand für die psychologische Seite zuständig sein muß, wäre nur ein halber Schritt in die richtige Richtung.

Sozialer Austausch aller Beteiligten

Psychologische Wirkungen resultieren nicht allein aus fachpsychologischer Arbeit, sondern auch aus dem sozialen Austausch, der mit jeder zwischenmenschlichen Handlung einhergeht. Insofern ist die psychische Rehabilitation verletzter Athleten nicht ausschließlich auf eine dafür ausgebildete Person beschränkt; sie stellt ebenfalls eine Aufgabe dar für alle Personen(-gruppen), die während der Rehabilitation im Kontakt mit den Sportlern stehen. Sie tragen durch ihr individuelles Verhalten maßgeblich zur psychischen Befindlichkeit und damit zur

Rehabilitation bei. Berücksichtigt man darüber hinaus die Tatsache, daß die Zusammenarbeit mit Psychologen in der Rehabilitation verletzter Sportler noch nicht überall die Regel ist, kommt den anderen Beteiligten eine um so größere Verantwortung für den psychologischen Bereich zu.
Abbildung 45 veranschaulicht (ohne Berücksichtigung der Anteilsgröße) die am Rehabilitationsprozeß beteiligten Personen und Personengruppen. Daraus kann man schließen, daß nicht nur verletzte Athleten selbst und eventuell (Sport-) Psychologen ihren Teil zur psychischen Rehabilitation beitragen sollen und können, sondern auch Mediziner, Pflegepersonal, Physiotherapeuten[6] sowie Personen des privaten, sportlichen und außersportlichen Umfelds. Im individuellen Fall kommen weitere Personen hinzu.

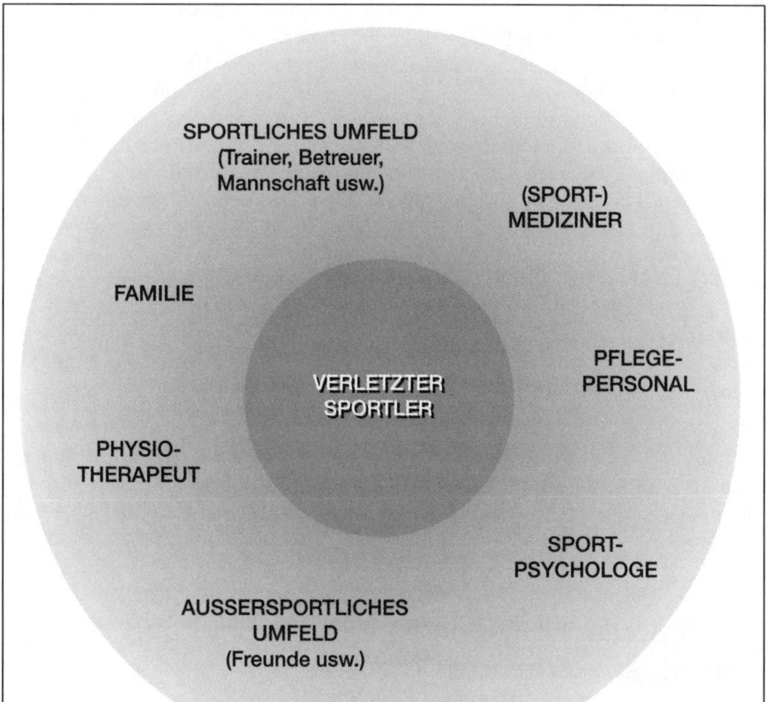

Abbildung 45
Am Rehabilitationsprozeß verletzter Sportler beteiligte Personen (-gruppen) nach HERMANN (1994)

[6] Trotz der berufspolitischen Schwierigkeiten soll im folgenden die Bezeichnung ›Physiotherapeut‹ aus Gründen der Übersichtlichkeit als Oberbegriff für Krankengymnasten, Masseure und Sportphysiotherapeuten stehen.

Für Rehabilitanden aus dem Hochleistungs- und Profisport müßte Abbildung 45 erweitert werden, da in der Regel zusätzliche Personengruppen in engen Kontakt mit ihnen treten:

Wissenschaftler

■ Es ist beispielsweise häufig zu beobachten, daß in der Endphase der Rehabilitation auch Ernährungsberater, Biomechaniker und Leistungsdiagnostiker beteiligt sind. Auch ihr Verhalten kann auf die Befindlichkeit der Sportler Einfluß nehmen.

Journalisten

■ Eine gesonderte Stellung nimmt der Medien- beziehungsweise Journalistenkontakt im Leistungssport ein. Positive und negative Berichte, Reportagen, Kommentare beziehungsweise ihr Ausbleiben sind nicht hoch genug einzuschätzende Faktoren. In besonders schwierigen Einzelfällen ist es auch schon vorgekommen, daß Journalisten von Trainern und Betreuern gebeten wurden, die Genesungsentwicklung der Sportler zu unterstützen. Ein »kleiner« Bericht in der Zeitung oder im Fernsehen hat schon so manchem niedergeschlagenen Rehabilitanden Motivation und Selbstvertrauen gegeben.

Manager, Berater, Sponsoren

■ Auf die besondere Stellung von Managern, sogenannten Beratern und Sponsoren, und ihren Einfluß auf den Genesungsprozeß von Hochleistungssportlern soll an dieser Stelle nicht weiter eingegangen werden. Aus langjähriger sportpsychologischer Erfahrung im Umgang mit verletzten Profis muß jedoch darauf hingewiesen werden, daß auch diesen Personengruppen eigentlich daran gelegen sein müßte, den Athleten eine ausreichende Rehabilitationszeit einzuräumen und sie auch psychologisch zu unterstützen. Denn nur wenn verletzte Athleten psychophysisch wieder hundertprozentig genesen sind, werden sie ihre Leistung stabil erbringen und entwickeln. Viele Manager und Berater von Sportlern sowie ihre Sponsoren wissen um diesen Zusammenhang und verhalten sich kooperativ im Sinne einer günstigen Entwicklung. Allen anderen muß aber dringend nahegelegt werden, keinen wie auch immer gearteten zusätzlichen Druck auf die Rehabilitanden auszuüben.

Selbstverständlich ist es nicht möglich, innerhalb der Rehabilitation alle personalen und materiellen Bedingungen so zu gestalten, daß sie auch aus psychologischer Sicht genesungsförderlich wirken. Dort, wo es organisatorisch möglich ist, sollten alle Fachkräfte interdisziplinär zusammenarbeiten. Hier sind insbesondere Mediziner, Physiotherapeuten sowie (Sport-)Psychologen angesprochen.

Psychologische Aspekte medizinischer und physiotherapeutischer Tätigkeit

Vor wenigen Jahren mußte eine Weltklasse-Bogenschützin das Training immer wieder einstellen, da sie über erhebliche Schmerzen im Schulterbereich klagte. Die Krankengymnastin ihres Olympiastützpunkts stellte fest, daß die Beschwerden durch die Zugtechnik der Athletin ausgelöst wurden. Die zu hohe Haltung des Ellenbogens beim letzten Stück des Auszugs führte zu einer Überdehnung und zu einer entzündlichen Veränderung.

Neben der medizinischen und krankengymnastischen Therapie wurde auf Initiative der Krankengymnastin ein anderer – schonenderer – Zug körperlich und mental eingeübt. Für das Mentale Training wurde der Sportpsychologe des Olympiastützpunkts konsultiert. Mit Hilfe eines Zugapparats, eines Spiegels und regelmäßigen Mentalen Trainings des neuen Ablaufs konnte parallel zur kurativen Behandlung die neue Bewegung eingeübt werden. Die Bogenschützin war daraufhin trotz 10 Wochen ohne jegliches Schießtraining in der Lage, sich nach drei praktischen Trainingseinheiten auf ihrem ersten Turnier seit dem Auftreten der starken Schmerzen für die anstehenden Europameisterschaften zu qualifizieren. Dort errang sie mit der Mannschaft den zweiten Platz. Hohes Engagement, fachliche Kompetenz, psychologisches Grundwissen und interdisziplinäres Verständnis verband die Krankengymnastin zu einer erfolgreichen Behandlung und Unterstützung der Athletin.

Herausragende Stellung von Medizinern und Physiotherapeuten

In der praktischen sportpsychologischen Arbeit mit verletzten und ehemals verletzten Athleten wird immer wieder deutlich, welche herausragende Stellung – gerade auch aus psychologischer Sicht – Mediziner und Physiotherapeuten für die Sportler haben können. Dies ist insbesondere dann der Fall, wenn zur fachlichen Kompetenz auch zwischenmenschliches Vertrauen hinzukommt. In der Praxis erhalten (vertrauensvolle) Mediziner oftmals von vornherein die höchste psychologische Kompetenz von den Athleten zuerkannt. Aufgrund der Kontakthäufigkeit sind es letztendlich meist die Physiotherapeuten, die bei psychologischen Problemen zuerst angesprochen werden. Mediziner und Physiotherapeuten stellen deshalb auch häufig in der Rehabilitation den Kontakt zur Sportpsychologie her, wenn sie sich von dort weitere Unterstützung bei speziellen Problemlagen erwarten. Diese Zusammenarbeit ist in der Praxis der Autoren zu einem regelmäßigen Austausch geworden.

Psychologische Aufgaben von Medizinern und Physiotherapeuten

Die psychologischen Aufgaben der Mediziner und Physiotherapeuten in der Rehabilitation betreffen hauptsächlich ihre Beziehung zum Patienten. Ist eine fachpsychologische Mitarbeit nicht von vornherein vorgesehen, fallen auch das Erkennen und die Prävention psychischer Problemlagen in das Aufgabengebiet. Sind Schwierigkeiten bereits eingetreten, müssen Maßnahmen zu ihrer Bewältigung eingeleitet werden, eventuell müssen Psychologen hinzugezogen werden.
Im speziellen bedeutet dies, daß Mediziner und Physiotherapeuten Maßnahmen

- zum Vertrauensaufbau in der Beziehung zum Rehabilitanden,
- zu einer ersten und einer begleitenden (Grob-)Diagnostik psychischer Entwicklungen,
- zur Initiative und Unterstützung des psychologischen Aufbautrainings und
- zur interdisziplinären Zusammenarbeit

ergreifen sollten.
Es geht bei den psychologischen Aspekten jedoch nicht nur darum, psychischen Problemlagen entgegenzuwirken, sondern auch um eine Erhöhung der Bereitschaft der verletzten Athleten zur Mitarbeit *(Compliance)* im gesamten Rehabilitationsprogramm. Wichtigster Gesichtspunkt ist auch dafür das gegenseitige Arzt-Patient-Vertrauen.

Vertrauensaufbau

Das Vertrauen, das die verletzten Sportler zu Medizinern und Physiotherapeuten entwickeln, wird in erster Linie durch das dem Rehabilitanden entgegengebrachte Verhalten beeinflußt. ROGERS (1951) benannte drei grundlegende vertrauensfördernde Einstellungen und Verhaltensweisen:

- einfühlendes Verstehen,
- emotionale Zuwendung sowie
- Echtheit und Aufrichtigkeit.

Das *einfühlende Verstehen* ist der Versuch, die innere Erlebniswelt des Rehabilitanden aus dessen sprachlichen und nicht-sprachlichen Mitteilungen nachzuvollziehen. Gezielt kann dann bei Unklarheiten nachgefragt werden. *Emotionale Zuwendung* ist eine allgemeine Voraussetzung, unter der die grundlegend positive und wertschätzende Einstellung gegenüber dem Rehabilitanden verstanden wird. *Echtheit und Aufrichtigkeit* fördern einerseits das Vertrauen, haben zum anderen aber zudem Vorbildcharakter für den Sportler in seinen Verhaltensweisen gegenüber den Medizinern und Physiotherapeuten.
Berücksichtigt man die Grundverhaltensweisen, dann sind vertrauensmindernde sprachliche oder nicht-sprachliche Verhaltensweisen im Kontakt mit den Rehabilitanden kaum zu erwarten. Einige vertrauensförderliche Verhaltensweisen sind jedoch im Umgang mit dem Rehabilitanden zu beachten:

Vertrauensfördernde Verhaltensweisen

- Wann immer möglich, sollte eine offene, dem Rehabilitanden zugewandte Körperhaltung eingenommen werden. Augenkontakt signalisiert Interesse.
- Um die Gesprächsführung ausgewogen zu gestalten, sollte eigenes Dauerreden vermieden werden.
- Aktives Zuhören bei Aussagen des Rehabilitanden (mit Blickkontakt und Rückmeldung) gibt ihm das Gefühl, akzeptiert zu sein.
- Hinweise und Erklärungen sollten klar und verständlich formuliert sein. Auf belehrende Äußerungen und Fachterminologie sollte weitgehend verzichtet werden.
- Wird über subjektive Empfindungen wie Emotionen und Schmerzen von den Sportlern berichtet, so sollten diese in jedem Fall zunächst akzeptiert werden, selbst wenn sie nicht nachvollziehbar erscheinen. Im Laufe des Kontakts können diese Empfindungen durch Nachfragen präzisiert, eventuell relativiert werden.

Vor allem für behandelnde Mediziner besteht die Möglichkeit, viel zur Vertrauensförderung beizutragen, wenn sie sich zu Beginn der Rehabilitation für eine ausführliche Besprechung Zeit nehmen. Darin enthalten sein sollten vor allem exakte Auskünfte über die Art der Verletzung und die Gründe für die angeordneten Rehabilitationsmaßnahmen. Das Wissen darüber verstärkt bei den Sportlern das Gefühl der Kontrolle über die Situation. Zu erwartende Schwierigkeiten und die voraussichtliche Gesamtrehabilitationszeit sollten dabei ebenfalls zur Sprache kommen. Vermitteln Mediziner bereits zu diesem frühen Zeitpunkt auch die Bedeutsamkeit der Eigenmotivation der Athleten sowie der psycho-physischen Zusammenhänge in der Rehabilitation, ist eine gute Basis geschaffen, die im Verlauf des Prozesses immer wieder angesprochen werden kann.

Zu einzelnen Medizinern entwickeln Athleten ein ganz besonderes Vertrauen – auch über die Rehabilitation hinaus. Neben der fachlichen Kompetenz resultiert dieses Vertrauen aus dem Interesse, das die Mediziner am Sportler als Person zeigen. So fragen sie auch nach der sportlichen Entwicklung in den letzten Jahren, nach Perspektiven und auch nach Dingen, die nicht direkt mit dem Sport oder der Verletzung zu tun haben. Vertrauen und erlebtes Interesse fördern wiederum die Motivation in der Zusammenarbeit.

Diagnostik

Erstes Gespräch

Auch ohne auf spezielle psychologische Testverfahren oder Fragebogen (vgl. S. 138f.) zurückzugreifen, kann der Versuch unternommen werden, mit Hilfe einer ersten Gesprächsdiagnostik psychische Probleme zu erkennen und anzusprechen. Bei der Anamnese oder im Rahmen anderer frühzeitiger Besprechungen sollten vor allem Mediziner ansatzweise das psychische Befinden der Sportler kennenlernen und mögliche rehabilitationshemmende problematische Entwicklungen abschätzen können (ELDRIDGE, 1983).
Hierzu müssen Fragen an die Sportler gerichtet werden, die

- das Erleben der Verletzung
- die aktuelle Befindlichkeit
- die individuelle Bedeutung des Sports
- weitere Ziele im Sport
- weitere Ziele in Bereichen außerhalb des Sports
- den Zeitpunkt des nächsten wichtigen Wettkampfs
- die Unterstützung durch das persönliche Umfeld
- die individuellen Belastungsreaktionen

betreffen.

»ERAIQ«

WIESE-BJORNSTAL und SMITH (1993) stellen zum Zweck einer ersten Diagnostik einen Interview-Leitfaden vor, der die angesprochenen Themenbereiche mit einer Befindlichkeitsmessung verbindet, den ERAIQ (Emotional Responses of Athletes to Injury Questionnaire, nach SMITH, SCOTT und WIESE, 1990). Da für den ERAIQ keinerlei Aussagen über seine Güte vorliegen, soll er hier nicht weiter dargestellt werden. Gleichwohl ist er bislang der einzig publizierte Versuch, ein halbstandardisiertes Vorgehen zur Psychodiagnostik verletzter Sportler einzusetzen.
Im Lauf der Rehabilitation muß die aktuelle Befindlichkeit immer wieder spezifisch erfragt werden. Alle Symptome mit möglicherweise schwerwiegenden Folgen (z. B. Ängste und Depressionen) müssen so früh wie möglich erkannt und entsprechende Maßnahmen eingeleitet werden. SCOTT (1984) weist insbesondere auf die Notwendigkeit einer frühzeitigen Aufdeckung von (häufig bei langzeitverletzten Sportlern anzutreffenden) Depressionen hin, da andernfalls der Rehabilitationsprozeß nachhaltig gestört und verlängert würde.

Psychodiagnostik

Genauere Analysen und Diagnosen sind für die Mediziner entweder über bewährte Verfahren der Psychodiagnostik zu erlangen, die sie selbst einsetzen, oder es werden von Anfang an psychologisch geschulte Fachkräfte in die Diagnostik mit einbezogen (vgl. S. 137ff.).

Initiative und Unterstützung des psychologischen Aufbautrainings

Sowohl die behandelnden Mediziner als auch die Physiotherapeuten tragen in der Praxis oftmals entscheidend dazu bei, ob ein psychologisches Aufbautraining – zumindest in Ansätzen – durchgeführt wird oder nicht. Sie initiieren das Training, unterstützen es und integrieren Teile davon in eigene Maßnahmen. So beziehen Physiotherapeuten Entspannungsübungen, die im Rahmen des Aufbautrainings erlernt oder wieder neu belebt wurden, als Vorbereitung ihrer Behandlung mit ein. Manche Mediziner fragen die Rehabilitanden immer wieder nach den individuellen Inhalten und Fortschritten im psychologischen Aufbautraining, so daß Interesse signalisiert wird und das Vorgehen zusätzliche Bedeutsamkeit erfährt.

Bei einigen Inhalten des psychologischen Aufbautrainings ist die Mitwirkung der Mediziner und Physiotherapeuten unerläßlich:

- Realistische, individuelle mittel- und langfristige Zielsetzungen der Verletzten sind nur nach Rücksprache mit dem behandelnden Mediziner sinnvoll. Auch wenn es meist nicht möglich ist, genaue Zeitpunkte und Entwicklungen bei der Genesung vorherzusagen, trägt es zur psychischen Stabilität und letztendlich auch zur Motivation der Rehabilitanden bei, vorsichtige Einschätzungen vorzunehmen. Von besonderer Bedeutsamkeit ist dabei die Mitarbeit zur Erstellung eines ersten groben Rehabilitationsplans.
- Im Rahmen aller Formen des Prognosetrainings, wenn direkt oder indirekt verletzte/operierte Körperbereiche miteinbezogen sind – ist eine fachlich medizinische (Risiko-)Abklärung erforderlich.

Doppelrolle bei sozialer Unterstützung

Bei der sozialen Unterstützung nehmen Mediziner und Physiotherapeuten eine Doppelrolle ein. Haben sie einen guten Kontakt zu den Rehabilitanden, werden sie auf der einen Seite selbst *Teil des persönlichen Rückhaltsystems*, andererseits können sie Personen aus dem privaten oder sportlichen Umfeld des Sportlers *zur Unterstützung* (z. B. durch Besuche, Hilfen) *anhalten*.

»Modelle«

Mediziner und Physiotherapeuten haben aufgrund ihrer vielfältigen Kontakte zu verletzten und ehemals verletzten Athleten zudem eine weitere Möglichkeit, Rehabilitanden in der schwierigen Phase einer längerfristigen Rehabilitation zu helfen: durch sogenannte *Modelle*. Darunter ist die Kontaktinitiierung zwischen ehemals und aktuell verletzten Athleten zu verstehen, so daß Rehabilitanden für den weiteren Genesungsprozeß motiviert werden und sich mit ehemals Betroffenen über Strategien, Erfahrungen und Probleme austauschen können. Die gewünschten rehabilitationsförderlichen, stützenden Effekte dieses Vorgehens sind um so größer, je mehr das Modell dem Rehabilitanden in Sportart und Verletzung gleicht und je mehr Ansehen es genießt.

In der anglo-amerikanischen Literatur ist dieser Austausch unter dem Begriff »Modeling« bekannt und mehrfach für Rehabilitationsprogramme verletzter Athleten beschrieben (vgl. z. B. Flint, 1993). Basis des »Modelings« sind Untersuchungen des Sozialpsychologen Albert Bandura zum sozialen Lernen (1976), in denen er belegen konnte, daß die Auftretenswahrscheinlichkeit für ein bestimmtes Verhalten steigt, wenn es zuvor von einer anderen, akzeptierten Person demonstriert wurde.

Offener zufälliger Kontakt

Der Kontakt kann *offen* hergestellt werden, indem dem Rehabilitanden vorgeschlagen wird, sich über die Kontaktaufnahme des Mediziners oder Physiotherapeuten mit dem Modell zu treffen. Kontakte können aber auch *zufällig* arrangiert werden, wenn das Modell zuvor entsprechend unterrichtet wird. Gelegenheiten dazu finden sich z. B. im Untersuchungsraum, im Übungsraum, im Kraftraum oder auch in der Sauna.
In der praktischen Arbeit mit verletzten Athleten fällt auf, daß sie gern zusammen mit anderen Betroffenen das Rehabilitationsprogramm oder ein Aufbautraining absolvieren. Führende deutsche physiotherapeutische Zentren lassen deshalb bewußt und gezielt Rehabilitanden gemeinsam trainieren, um ihnen eine Austauschmöglichkeit zu geben.

Interdisziplinäre Zusammenarbeit
Wann immer es organisatorisch möglich ist, sollten aus den bislang dargelegten Gründen Rehabilitationsmaßnahmen langzeitverletzter Sportler in – zumindest teilweise – interdisziplinärer medizinisch-psychologischer Zusammenarbeit geplant und durchgeführt werden. Werden zu einem frühen Stadium (Sport-) Psychologen hinzugezogen, gehören sie auch in den Augen des Rehabilitanden zu den betreuenden Fachkräften, und es entstehen keine Berührungsängste. Letztere werden vor allem dadurch gefördert, daß man *Psychologen* oftmals erst dann zu Rate zieht (oder Rehabilitanden eine Therapie empfiehlt), wenn psychische Problemlagen bereits aufgetreten sind. Die Athleten erleben so das Gefühl, daß sie »jetzt schon einen Psychologen brauchen«. Aus Unwissenheit wird der Psychologe dann noch häufig mit einem *Psychiater* verwechselt, so daß das Selbstwertgefühl der Athleten allein schon unter dem falschen Eindruck leidet, sie hätten eine Psychose. Das erschwert die psychische Rehabilitation und damit den Gesamtprozeß unnötigerweise zusätzlich.

Notwendigkeit der Zusammenarbeit

Die Notwendigkeit einer interdisziplinären Zusammenarbeit wird in zwei Bereichen besonders deutlich: in der Diagnostik und bei psychologischen Interventionen.
Soll eine *ausführliche Eingangs- und Prozeßdiagnostik* der psycho-sozialen Faktoren, Entwicklungen und Befindlichkeiten stattfinden, so haben Diplom-Psychologen in der Regel dafür die besten Voraussetzungen, da sie mit den diagnostischen Methoden vertraut sind. Dies betrifft sowohl Durchführung, Auswertung wie Interpretation der Verfahren.
Unumgänglich wird fachpsychologische Arbeit, wenn *massive psychische Problemlagen in der Rehabilitationszeit* aufgetreten sind oder verstärkt wurden. In der Regel sind in diesen Fällen klinisch-psychologische Interventionen indiziert. Diese klinisch-psychologischen Interventionen sollten niemals von Laien durchgeführt werden, da sie zumeist nicht genügend Hintergrundwissen und Erfahrungen haben, bei gefährlichen – symptomverschlimmernden – Entwicklungen adäquat zu reagieren.
Von seiten der Medizin sollten im Rahmen der Rehabilitation *zumindest* für diese beiden Bereiche der Kontakt mit Diplom-Psychologen aufgenommen und entsprechende Aufgaben im Sinne einer interdisziplinären Zusammenarbeit übertragen werden.

Aufgabenbereiche der (Sport-)Psychologen

Wenn bislang im deutschsprachigen Raum zuwenig (Sport-)Psychologen in die Rehabilitation verletzter Sportler regelmäßig einbezogen wurden, so liegt das nicht allein an mangelnder Bereitschaft der Mediziner oder gar der Sportler – auch die Teildisziplin »Sportpsychologie« hat bislang den Problemen verletzter Sportler zu wenig Beachtung geschenkt (Hermann und Eberspächer, 1994). Das ist zumindest aus zwei Gründen verwunderlich:

1. In einem Grundsatzartikel umreißen Nitsch und Schwenkmezger (1987) das sportpsychologische Tätigkeitsfeld. Ausdrücklich weisen sie darauf hin, daß die Optimierung von Rehabilitationsprozessen zu den angezielten Schwerpunkten zu rechnen ist.
2. Zunehmend wird seit einigen Jahren von Aktiven, Trainern, Medizinern und Physiotherapeuten nach direkter oder vermittelter psychologischer Unterstützung in der Rehabilitationsphase gefragt (Hermann und Eberspächer, in Druck).

Bei der Rehabilitation nach Sportverletzungen ist das Manko der Teildisziplin »Sportpsychologie« vor allem darin zu sehen, daß sie bislang Sportlern, Trainern, (Sport-)Medizinern und (Sport-)Physiotherapeuten noch nicht in ausreichendem Maße die praktischen Möglichkeiten und die praxisrelevante Bedeutsamkeit sportpsychologischer Inhalte für die Rehabilitation vermittelt hat. Für einen Beitrag der Psychologen zu einer interdisziplinären Rehabilitation müssen allgemeinere psychologische Aspekte der Rehabilitation (z. B. Kommunikation oder soziale Unterstützung) mit den spezifischen sportpsychologischen Techniken und Maßnahmen verknüpft werden. Allen Beteiligten kann dann vermittelt werden, wie sie selbst zur psychischen Rehabilitation beitragen und was darüber hinaus psychologische Fachkräfte leisten können. Voraussetzung ist jedoch, daß die Rehabilitation als psycho-physisches Gesamtgeschehen akzeptiert wird.

Definition Innerhalb des Rehabilitationsprozesses kann die psychologische Tätigkeit als »Identifikation und Behebung rehabilitationshemmender sowie Initiierung und Unterstützung rehabilitationsfördernder psycho-sozialer Faktoren im Rahmen interdisziplinärer Rehabilitationsbemühungen« bezeichnet werden (Hermann und Eberspächer, 1994). Dies betrifft vor allem die Diagnostik, Maßnahmen zur psychischen Rehabilitation verletzter Athleten und gegebenenfalls psychotherapeutische Interventionen.

Sind ausgebildete Diplom-Psychologen mit sportpsychologischer Zusatzausbildung in eine interdisziplinäre Rehabilitation einbezogen, so können die folgenden acht Tätigkeitsbereiche von ihnen übernommen werden.

Aufgabenbereich: Psychologische Eingangsdiagnostik und prozeßbegleitende Diagnostik

Für die Eingangsdiagnostik sind recht zuverlässige Aussagen durch *Gespräche und Interviews* zu erwarten. Interviews können je nach Bewegungsspielraum der Gesprächspartner standardisiert, halb-standardisiert oder frei geführt werden. In der Praxis mit verletzten Sportlern haben sich halb-standardisierte Interviews bewährt, bei denen die Fragen zwar festgelegt sind, ihre Reihenfolge und die Art der Beantwortung jedoch frei gestaltet werden.
Zur Eingangsdiagnostik sollten folgende Inhalte im halb-standardisierten Interview Berücksichtigung finden, damit von fachlicher Seite aus aktuelle oder potentielle Problemlagen eingeschätzt beziehungsweise erkannt werden können:

Inhalte halbstandardisierter Interviews

a. Aktuelle Befindlichkeit
b. Generelle Belastungsreaktionen/Streßverarbeitungsstrategien
c. Kurz-, mittel- und langfristige sportliche Ziele
d. Kurz-, mittel- und langfristige außersportliche Ziele
e. Vorstellungen zum Rehabilitationsverlauf und zu dessen Zeitdauer
f. Verletzungsgeschichte/psychische Verarbeitung früherer Verletzungen
g. Sportmotivation
h. Gewünschter und erlebter Rückhalt durch andere Personen
i. Abhängigkeiten (sportlich, privat)
k. Wünsche an betreuende Fachkräfte.

Die Beantwortung dieser Fragen kann dadurch erleichtert sein, daß die Sportler selbst schon eine Eigendiagnostik (vgl. S. 32ff.) durchgeführt haben, die nun nur noch präzisiert werden muß. Ohne Zeitdruck kann der Rehabilitand dann zusätzliche Fragen stellen, die erste Hinweise und Ansatzpunkte für eine Zusammenarbeit ergeben. Es empfiehlt sich aus Gründen der Kontaktaufnahme und des Vertrauensaufbaus, das Eingangsinterview nicht durch einen vorgelegten Fragebogen zu ersetzen.
In einer weiteren prozeßbegleitenden Diagnostik sind die Punkte a., c., d., e., h., i. und k. in regelmäßigen Abständen ebenfalls durch halb-standardisierte Interviews zu erfragen. Die prozeßbegleitende Befragungssituation läßt sich durch einen informellen Rahmen als lockeres Gespräch gestalten. Im praktischen Umgang mit Sportlern ist es wichtig, deutlich zu machen, daß Psychologen Ansprechpartner sind, auf die man auch selbst zugehen kann. Wer als Psychologe bei den sportlichen Rehabilitanden diesen Status nicht erreicht, wird nur schwer einen vertrauensvollen, längerfristigen Kontakt aufbauen können.

Standardisierte Interviews

Zur Diagnostik bieten sich für einzelne Bereiche auch eine Reihe standardisierter Verfahren an. Von besonderem Interesse sind dabei die aktuelle Befindlichkeit und die eingesetzten Streßbewältigungsstrategien. Diese beiden Bereiche sollten in der Rehabilitation möglichst exakt erfaßt werden. Der *Streßverarbeitungsfragebogen* und die *Eigenschaftswörterliste* sind empfehlenswerte Verfahren, die über viele Jahre erprobt wurden, strengsten wissenschaftlichen Kriterien genügen und dennoch leicht einsetzbar sind. Sie werden daher kurz beschrieben.

Diagnostik der Streßbewältigungsstrategien

Streß-verarbeitungs-fragebogen (SVF)

Der wohl bekannteste und am besten überprüfte Fragebogen zur Erfassung von Bewältigungsverhalten ist der Streßverarbeitungsfragebogen (SVF) von JANKE, ERDMANN und KALLUS (1985). Bei der Standardform dieses Verfahrens muß anhand einer fünfstufigen Skala 114mal entschieden werden, für wie zutreffend man vorgegebene Reaktionsmöglichkeiten bei sich selbst in einer belastenden Situation einschätzt. JANKE und Mitarbeiter gehen davon aus, daß Streßverarbeitungsstrategien *zeitlich stabile Persönlichkeitsmerkmale* sind, die auch Konstanz über unterschiedliche Situationen aufweisen. Der SVF erfragt daher die Reaktionen auf unspezifische Belastungssituationen.

Das Instrument erfaßt 19 unterschiedliche Streßbewältigungsstrategien, wie z. B. Bagatellisierung, Ablenkung, Situationskontrollversuche, Reaktionskontrollversuche, positive Selbstinstruktion, Bedürfnis nach sozialer Unterstützung, gedankliche Weiterbeschäftigung und andere. Diese Strategien werden sechs Bereichen (Faktoren) des Bewältigungsverhaltens zugeordnet:

Verhaltens-bereiche der Streß-bewältigung

- Betroffensein und Aufgeben
- Aktive Bewältigung
- Kognitive Verarbeitung (Umbewertung)
- Ausweichen und Ablenkung
- Bedürfnis nach Unterstützung durch andere
- Pharmakaeinnahme.

Der SVF in der Langform ist als Instrument für die Eingangsdiagnostik von besonderem Wert. Da eine Vielzahl von Strategien in unterschiedlichen Situationen und Zeiten individuell eingesetzt wird, muß dem auch ein zuverlässiges Diagnostikum gerecht werden und entsprechend ausführlich sein. Der SVF erfaßt die Tendenz, mit welchen Streßbewältigungsstrategien die betreffende Person in Belastungssituationen reagiert. Darüber lassen sich kritische Verhaltensweisen aufzeigen, die in der Rehabilitation besonders aufmerksam beobachtet werden müssen, damit sie sich nicht rehabilitationshemmend auswirken.

Diagnostik des aktuellen Befindens

Eigenschafts-wörterliste (EWL)

Die Eigenschaftswörterliste (EWL 60-S) nach JANKE und DEBUS (1986) ist eine Selbstbeurteilungsmethode zur mehrdimensionalen Erfassung des aktuellen Befindens. Anhand ihrer Ergebnisse lassen sich *aktuelle Befindlichkeitsprofile* erstellen, die über einen Zeitraum leicht miteinander verglichen werden können. Hierzu muß die EWL nach Aussage der Autoren möglichst jeweils zu vergleichbaren Tageszeiten störungsfrei ausgefüllt werden. Als Erfassungsinstrument ist die EWL somit für eine Eingangsdiagnose ebenso geeignet wie für die Erfassung der Befindlichkeitsentwicklung im Verlauf der Rehabilitation.

Personen, die die EWL bearbeiten, müssen bei 60 verschiedenen Adjektiven entscheiden, in welchem Ausmaß sie ihrem aktuellen Befinden entsprechen (z. B. ängstlich: gar nicht – etwas – ziemlich – stark). Die gesamte Bearbeitungszeit beträgt zwischen 5 und 10 Minuten. Erfaßt werden dabei die Aktivität, die Desaktivität, das allgemeine Wohlbefinden, die Gereiztheit, Angst und Deprimiertheit sowie personbedingte Verhaltensweisen *(Extraversion/Introversion)*.

Kurzvarianten der EWL mit 14 Items, die innerhalb von 1 bis 2 Minuten bearbeitet werden können, sind bei den Testgütekriterien der EWL 60-S deutlich unterlegen. Für eine Individualdiagnostik, die im Verlauf der Rehabilitation intraindividuelle Unterschiede zuverlässig aufzeigen soll, ist daher die Version 60-S zu empfehlen.

Die Ausgabe von Fragebogen an Rehabilitanden kann zu Schwierigkeiten führen. Rehabilitanden bearbeiten die Fragebogen erfahrungsgemäß nur dann gern, wenn es in ihren Zeitrhythmus paßt und wenn sie genau über die Ergebnisse (und meist auch über die Konstruktion des Verfahrens) informiert werden. Zudem ist es für den Kontaktaufbau nicht förderlich, bereits im ersten Gespräch mehrere Fragebogen vorzulegen, da die Bearbeitenden häufig das Gefühl haben, über den tatsächlichen Zweck im unklaren zu bleiben. Wichtig ist daher, zunächst ein informelles Gespräch und ein halb-standardisiertes Interview zu führen. Generell empfiehlt es sich, nicht zu viele Fragebogen-Verfahren einzusetzen; allerdings sollte zur Diagnostik des Bewältigungsverhaltens und der aktuellen Befindlichkeit auf standardisierte Verfahren keinesfalls verzichtet werden.
Der Themenbereich *soziale Unterstützung* kann direkt im Interview/Gespräch abgeklärt werden, gelegentlich wird aber auch auf Fragebogen zurückgegriffen. Als ökonomisches Meßinstrument mit zufriedenstellenden Gütekriterien gilt der Fragebogen zur sozialen Unterstützung (SOZU) in seiner Kurzform (K-22) nach FYDRICH, SOMMER, MENZEL und HÖLL (1987). Darin werden drei Aspekte der sozialen Unterstützung als besonders relevant betrachtet und erfragt:

Fragebogen zur sozialen Unterstützung (SOZU)

- emotionale Zuwendung,
- praktische Unterstützung und
- soziale Integration.

In einer Durchführungszeit von 5 Minuten werden 22 Aussagen vorgegeben, zu denen das Ausmaß der Zustimmung auf einer fünfstufigen Rating-Skala angekreuzt wird.

Aufgabenbereich: Psychologisches Aufbautraining

Dieser Bereich ist in der Regel zeitlich wie inhaltlich das umfassendste Arbeitsfeld in der (sport-)psychologischen Arbeit mit verletzten Athleten. Schwerpunkte liegen in der Initiierung des psychologischen Aufbautrainings sowie in der individuellen Auswahl, Vermittlung und Einübung darin enthaltener psychologischer Techniken. Prozeßbegleitend können psychologische Trainingsformen weitertrainiert und auf ihre Effektivität hin überprüft werden. Der Psychologe steht darüber hinaus als Ansprechpartner zur Verfügung, wenn einzelne Maßnahmen nicht greifen oder aufgrund besonderer Umstände nicht in die Gesamtrehabilitation integriert werden können.

Initiative

Training

Eine gelungene Zusammenarbeit im psychologischen Aufbautraining ist häufig der Ausgangspunkt für weitere Anknüpfungspunkte nach Abschluß der Rehabilitation. Dabei kann teilweise auf die in der Rehabilitation erlernten Techniken und Fertigkeiten zurückgegriffen werden.

Aufgabenbereich: Motivations-/Complianceförderung

Zur Förderung der Motivation und der Compliance (Bereitschaft und Mitarbeit bei therapeutischen Maßnahmen) ist für die Rehabilitanden das Erreichen von Teilzielen äußerst bedeutsam, da über sie Fortschritte und Erfolge erlebt und dokumentiert werden. Psychologen können Zieldefinitionen initiieren und beratend für kurz-, mittel- und langfristige Zielstellungen zur Seite stehen.

Zieldefinitionen

Falls möglich, sollten auch Psychologen Kontakte der Rehabilitanden zu bereits wiedergenesenen Athleten (als sogenannte »Modelle«, S. 134f.) herstellen. Der Austausch mit Personen, die vergleichbare Umstände erfolgreich überstanden und bewältigt haben, wirkt in der Regel motivationsförderlich für den gesamten Rehabilitationsprozeß. Um einen zielgerichteten Austausch zwischen den Sportlern zu bahnen, kann der Psychologe dem ersten Gespräch beiwohnen und es zunächst auch lenken.

Kontakt

Aufgabenbereich: Krisenintervention

Ansprechpartner

Bei auftretenden Krisen durch private und sportliche Entwicklungen oder durch körperliche Rückschläge müssen Rehabilitanden das Gefühl haben, jederzeit einen Gesprächspartner in Anspruch nehmen zu dürfen, der zu einer ersten Entlastung beiträgt und unterstützende Vorschläge und Maßnahmen anbietet. Unter Umständen ist dazu auch die Kontaktaufnahme mit dem Umfeld des Rehabilitanden oder das Signalisieren von Gesprächsbereitschaft mit dieser Personengruppe notwendig.

Aufgabenbereich: Soziale Unterstützung

Doppelrolle des Psychologen

Ebenso wie Mediziner und Physiotherapeuten nehmen Psychologen eine Doppelfunktion bei der sozialen Unterstützung ein. Einerseits fördern sie den gewünschten und erlebten Rückhalt durch andere Personen (Familie, Freunde, Trainer, Mannschaft, medizinische Fachkräfte), indem sie auf die Bedeutsamkeit der Kontakte und ihrer Aufrechterhaltung hinweisen und sie gegebenenfalls auch initiieren. Auf der anderen Seite sind sie selbst Teil des sozialen Unterstützungssystems, wenn es zu einem vertrauensvollen Kontakt gekommen ist. Das »Mindestangebot« von seiten der Psychologen an die Rehabilitanden ist die Gesprächsbereitschaft. So muß es für Rehabilitanden möglich sein, innerhalb eines Tages den Psychologen zu einem Gespräch treffen zu können.

Aufgabenbereich: Interdisziplinäre Zusammenarbeit

Die interdisziplinäre Zusammenarbeit mit Medizinern und Physiotherapeuten (je nach organisatorischen Bedingungen auch mit anderen Fachkräften) betrifft vor allem drei Bereiche:

- Der erste Bereich beinhaltet alle psychologischen Maßnahmen, die ergänzend zu medizinischen oder physiotherapeutischen Schritten durchgeführt werden und unterstützende Wirkung haben (z. B. entlastendes Gespräch vor einem schwierigen Eingriff; Krisenintervention). Die Initiative kann entweder von den Rehabilitanden oder auch von den Fachkräften ausgehen.

- Der zweite Bereich beinhaltet die eigenständigen psychologischen Maßnahmen, über die die anderen Fachbereiche im notwendigen Maß unterrichtet werden, damit sie auch von deren Seite zumindest eine passive Unterstützung erfahren.
- Der dritte Schwerpunkt ist die Zusammenarbeit mit Medizinern und Physiotherapeuten im Hinblick auf die psycho-sozialen Faktoren ihres Patientenkontakts. Dabei können Beratungen ebenso sinnvoll sein wie eine regelmäßige Supervision.

Aufgabenbereich: Sportpsychologische Zusammenarbeit mit Trainern

Die sportpsychologische Zusammenarbeit mit dem Trainer findet nur dann statt, wenn sie sowohl von Trainer- als auch von Sportlerseite gewünscht wird.

Sportpsychologe als Coach für den Trainer

In der Praxis nutzen viele Trainer die Möglichkeit, mit Sportpsychologen die individuellen Problemlagen und das Vorgehen in der Phase der Wettkampfvorbereitung zu besprechen, noch bevor ihre Sportler wieder regelmäßig am Training teilnehmen. Insbesondere Maßnahmen zur Kompetenzsteigerung (vgl. S. 93 ff.) werden detailliert erarbeitet.

Aus sportpsychologischer Sicht muß das einmal begonnene psychologische Aufbautraining auch nach Wiederaufnahme des sportartspezifischen Trainings seine Fortsetzung finden, um für die Sportler größtmögliche und zeitlich überdauernde Effekte zu erzielen. Die Trainer werden dazu nach Rücksprache mit den Athleten informiert.

Aufgabenbereich: Therapeutische Maßnahmen

Psychotherapeutische Maßnahmen können aufgrund problematischer Entwicklungen erforderlich sein. Insbesondere starke Ängste oder Depressionen sollten frühzeitig erkannt und behandelt werden. Psychologen selbst sollten psychotherapeutisch nur dann tätig werden, wenn sie eine entsprechende Ausbildung vorzuweisen haben. Ist dies nicht der Fall, muß der Kontakt zu einem Psychotherapeuten vorbereitet und hergestellt werden.

Systematische Desensibilisierung (SD)

Insbesondere Verfahren aus der *Verhaltenstherapie* bieten sich im Rahmen des psychologischen Aufbautrainings beziehungsweise bei entsprechenden Problemstellungen durch eine Verletzung an. So hat sich beispielsweise bei besonders ausgeprägter Angstentwicklung infolge eines Sportunfalls die Systematische Desensibilisierung (SD) nach JOSEPH WOLPE (vgl. FLIEGEL, GROEGER, KÜNZEL, SCHULTE und SORGATZ, 1981) bewährt. Die SD – das zweifelsfrei bekannteste und eines der erfolgreichsten Verfahren der Verhaltenstherapie – wird in der Praxis mit sportlichen Rehabilitanden vor allem eingesetzt, um Ängste vor einer Wiederverletzung beziehungsweise Ängste vor der Rückkehr in den Wettkampf zu mildern.

Die SD soll Personen die Möglichkeit verschaffen, auf angstbesetzte Situationen mit Angstverminderung zu reagieren. Dazu werden die Betroffenen in Gedanken schrittweise an angstbesetzte Situationen herangeführt, so daß sie sich zum Ende der Behandlung auch in der Praxis mit deutlich weniger Angst der Situation stellen können. Die Grundannahme der Technik besteht darin, Angstreaktionen zu hemmen, indem man die Reaktion durch eine andere Verhaltensweise ersetzt, die mit dem Erleben von Angst nicht einhergehen kann. Diese Ersatzreaktion ist in der Regel die *Entspannung*.
Angsterzeugende Reize (z. B. die Vorstellung, wieder einen Wettkampf aufzunehmen) werden mit einer angsthemmenden Reaktion (Entspannung) verknüpft, so daß das Auftreten und die Höhe der Angst zu diesen Vorstellungen abgeschwächt wird. Die therapeutische Wirkung ist in der wiederholten Hemmung der Angst zu sehen.

Durch Tätigkeiten in den beschriebenen acht Aufgabenbereichen leisten Psychologen maßgebliche Beiträge zur Rehabilitation. Wenn von allen Seiten der Wunsch und die Überzeugung geäußert wird, Sportlern durch rehabilitative Maßnahmen wieder zur psycho-physischen Leistungsfähigkeit verhelfen zu wollen, ist die Berücksichtigung psychologischer Gesichtspunkte unabdingbar. Bei einer interdisziplinären Zusammenarbeit bestehen erfahrungsgemäß die größten Chancen einer effektiven, parallelen psycho-physischen Rehabilitation.
Diesen Überlegungen tragen zwischenzeitlich mehrere ambulante Einrichtungen und Reha-Studios Rechnung, indem sie gezielt und mit Erfolg psychologische Maßnahmen in die Rehabilitation einbeziehen.

Defizite stationärer Einrichtungen

Defizite bestehen demgegenüber vor allem bei den stationären Einrichtungen. Nachforschungen der Autoren in den Jahren 1990 bis 1992 ergaben, daß keine der führenden deutschen Sportkliniken und Rehabilitationseinrichtungen Überlegungen dieser Art konzeptionell und organisatorisch in die Praxis umsetzt. Gerade im stationären Bereich liegen jedoch besonders große Chancen, da hier interdisziplinär und längerfristig rehabilitationsrelevante psychologische Gesichtspunkte Berücksichtigung finden können.

Abschließende Bemerkungen

Ein interdisziplinäres Vorgehen ist die beste Möglichkeit, den Rehabilitationsprozeß effektiv zu gestalten. Zur psychischen Rehabilitation verletzter Sportler können alle Seiten jedoch auch dann Beiträge leisten, wenn keine direkte interdisziplinäre Zusammenarbeit von Medizin, Physiotherapie und Psychologie stattfindet.

Rehabilitanden

Die Rehabilitanden selbst haben die Chance, über das eigeninitiierte psychologische Aufbautraining parallel zur körperlichen Genesung auch die mentale Seite zu stützen. Für einige Maßnahmen kann es notwendig sein, Trainer und Mediziner um Unterstützung zu bitten. Treten psychische Probleme auf, müssen die Rehabilitanden selbst aktiv werden und Psychologen ihres Vertrauens für eine

Zusammenarbeit ansprechen. Wichtig ist in jedem Fall, daß die Betroffenen ihre gewohnten Kontakte weitgehend aufrechterhalten und sich nicht zurückziehen.

Mediziner und Physiotherapeuten

(Sport-)Mediziner und (Sport-)Physiotherapeuten können durch ihren vertrauensförderlichen Umgang mit den Rehabilitanden psychischen Problemlagen entgegenwirken. Zudem kann die Initiative für ein psychologisches Aufbautraining von ihnen ausgehen. Mediziner haben die Möglichkeit, auf negative psychische Entwicklungen zu achten, sie gegebenenfalls bei den Rehabilitanden anzusprechen und dann nötigenfalls weitere Schritte einzuleiten.

Psychologen

Psychologen können auch dann, wenn sie extern zu Rate gezogen wurden, das psychologische Aufbautraining initiieren sowie Teile davon vermitteln, unterstützen und bei auftretenden Schwierigkeiten intervenieren. Bei regelmäßigen Kontakten kann der Verlauf der psychischen Befindlichkeit abgeschätzt, eventuell diagnostiziert werden. Vor allem in Krisenzeiten (z. B. bei körperlichen Rückschlägen oder privaten Problemen) muß auf Wunsch der Rehabilitanden eine kurzfristige Kontaktaufnahme möglich sein.

Literatur

BANDURA, A. (1976). Lernen am Modell. Stuttgart: Klett-Cotta.

BANDURA, A. (1977). Self-efficacy toward a Unifying Theory of Behavioral Change. Psychological Review, 84, 191–215.

BERNSTEIN, D. A. & BORKOVEC, T. D. (1975). Entspannungs-Training. Handbuch der Progressiven Muskelentspannung. München: Pfeiffer.

BIRBAUMER, N. (1978). Biofeedback. In L. Pongratz (Hrsg.), Handbuch der Psychologie, Bd. 8. 2. Hbd.: Klinische Psychologie (S. 2082–2103). Göttingen: Hogrefe.

BIRBAUMER, N. (1986). Schmerz. In W. Miltner, N. Birbaumer & W.-D. Gerber, Verhaltensmedizin (S. 113–134). Berlin, Heidelberg: Springer.

BREWER, B. W., VAN RAALTE, J. L. & LINDER, D. E. (1990). Effects of Pain on Motor Performance. Journal of Sport and Exercise Psychology, 12, 353-365.

BREWER, B. W., VAN RAALTE, J. L. & LINDER, D. E. (1991). Role of the Sport Psychologist in Treating Injured Athletes: A Survey of Sports Medicine Providers. Journal of Applied Sport Psychology, 3, 183–190.

BUSSMANN, G. & ALFERMANN, D. (1990). Aufhören oder weitermachen? Sportpsychologie, 4/4, 20–26.

CASSEL, J. C. (1974). Psychological Processes and Stress: Theoretical Formulations. International Journal of Health Services, 4, 471–482.

CHAN, C. S. & CROSSMAN, H. Y. (1988). Psychological Effects of Running Loss on Consistant Runners. Perceptual and Motor Skills, 66, 875–883.

CHRISTEN, J. H. (1985). Biofeedback, In H. Gabler, H. Haase, O. Hug & H. Steiner (Hrsg.), Psychologische Diagnostik und Beratung im Leistungssport. Orientierungshilfen für die Praxis des Trainers (S. 197–207). Frankfurt: Deutscher Sportbund.

CHRISTEN, J. H. (1987). Optimierung von Erholungsprozessen durch EMG-Biofeedback nach physischer Belastung. In G. Bäumler & J. C. Brengelmann (Hrsg.), Verhalten und Verhaltensmodifikation im Sport (S. 85–101). München: Gerhard Röttger.

DUDA, J. L., SMART, A. E. & TAPPE, M. K. (1989). Predictors of Adherence in the Rehabilitation of Athletic Injuries: An Application of Personal Investment Theory. Journal of Sport & Exercise Psychology, 11, 367–381.

EBERSPÄCHER, H. (Hrsg.) (1987). Handlexikon Sportwissenschaft. 2. Aufl. 1992. Reinbek: Rowohlt.

EBERSPÄCHER, H. (1990). Mentale Trainingsformen in der Praxis. Ein Handbuch für Trainer und Sportler. 3. Aufl. 1993. Oberhaching: Sportinform.

EBERSPÄCHER, H. (1993). Sportpsychologie. (5. Auflage). Reinbek: Rowohlt.

EBERSPÄCHER, H., HERMANN, H.-D. & KALLUS, K. W. (1993). Psychische Erholung und Regeneration zwischen Beanspruchungen. In J. R. Nitsch & R. Seiler (Hrsg.), Bewegung und Sport – Psychologische Grundlagen und Wirkungen. Band 1: Motivation, Emotion, Stress (S. 237–241). Sankt Augustin: Academia.

EHRICH, D. & GEBEL, R. (1988). Aufbautraining nach Sportverletzungen. (2. Aufl.). Münster: Philippika.

EINSINGBACH, T. (1988). Aktive und passive Therapieformen bei gesunden Sportlern und bei Sportverletzten. In T. Einsingbach, A. Klümper & L. Biedermann (Hrsg.), Sportphysiotherapie und Rehabilitation (S. 15–188). Stuttgart: Thieme.

ELDRIDGE, W. E. (1983). The Importance of Psychotherapy for Athletic-related Orthopedic Injuries Among Adults. International Journal of Sports Psychology, 14, 203–211.

FELTZ, D. L. & LANDERS, D. M. (1983). The Effects of Mental Practice on Motor Skill Learning and Performance: A Metaanalysis. Journal of Sport Psychology, 5, 25–57.

FLIEGEL, S., GROEGER, W. M., KÜNZEL, R., SCHULTE, D. & SORGATZ, H. (1981). Verhaltenstherapeutische Standardmethoden. München: Urban & Schwarzenberg.

FLINT, F. A. (1993). Seeing Helps Believing: Modeling in Injury Rehabilitation. In D. Pargman (Ed.), Psychological Bases of Sport Injuries (pp. 183–198). Morgantown: Fitness Information Technology, Inc.

FYDRICH, T., SOMMER, J., MENZEL, U. & HÖLL, B. (1987). Fragebogen zur sozialen Unterstützung. Zeitschrift für Klinische Psychologie, 15, 434–436.

GORDON, S., MILIOS, D. & GROVE, J. R. (1991). Psychological Aspects of the Recovery Process from Sport Injury: The Perspective of Sport Physiotherapists. Australian Journal of Science and Medicine in Sport, 23, 53–60.

HARDY, C. J. & CRACE, R. K. (1993). The Dimensions of Social Supports when Dealing with Sport Injuries. In D. Pargman (Ed.), Psychological Bases of Sport Injuries (pp. 121–144). Morgantown: Fitness Information Technology, Inc.

HERMANN, H.-D. (1994). Psychische Rehabilitation nach Sportverletzungen. Eine interdisziplinäre Sichtweise. In J. Voll (Hrsg.), Sportmedizin. Heidelberg: Ambrosius Barth.

HERMANN, H.-D. & EBERSPÄCHER, H. (1994). Psychische Rehabilitation nach Verletzungen im Leistungssport. Ein Aufgabenfeld für Sportpsychologen. In D. Alfermann & V. Scheid (Hrsg.), Psychologische Aspekte von Sport und Bewegung in Prävention und Rehabilitation (S. 202–206). Köln: bps.

HERMANN, H.-D. & EBERSPÄCHER, H. (in Druck). Psychische Rehabilitation nach Sportverletzungen. In J. R. Nitsch & R. Seiler (Hrsg.), Bewegung und Sport – Psychologische Grundlagen und Wirkungen. Band 4. Sankt Augustin: Academia.

HOLZAPFEL, B. & TEIPEL, D. (1987). Zielsetzungen nach Verletzungen bei Leichtathleten. Sportpsychologie 1/3, 15–19.

HOUSE, J. S. & KAHN, R. L. (1985). Measures and Concepts of Social Support. In S. Cohen & S. L. Syme (Eds.), Social Support and Health (pp. 83–108). New York: Academic Press.

HÜBNER, U. (1991). Haftungs- und Versicherungsrecht bei Risikosportveranstaltungen. In T. Würtenberger (Hrsg.), Risikosportarten (S. 1–19). Heidelberg: Müller.

IEVLEVA, L. & ORLICK, T. (1991). Mental Links to Enhanced Healing: An Exploratory Analysis. The Sport Psychologist, 4, 25–40.

IEVLEVA, L. & ORLICK, T. (1993). Mental Paths to Enhanced Recovery from a Sports Injury. In D. Pargman (Ed.), Psychological Bases of Sport Injuries (pp. 219–245). Morgantown: Fitness Information Technology, Inc.

JACOBSON, E. (1938). Progressive Relaxation. Chicago University Press.

JANKE, W. (1976). Psychologische Grundlagen des Verhaltens. In M. von Kerekjarto (Hrsg.), Medizinische Psychologie. 2. Aufl. (S. 1–101). Berlin, Heidelberg: Springer.

JANKE, W., ERDMANN, G. & KALLUS, W. (1985). Streßverarbeitungsfragebogen (SVF) nach W. Janke, G. Erdmann & W. Boucsein. Göttingen: Hogrefe.

JANKE, W. & DEBUS, G. (1986). EWL 60-S (Eigenschaftswörterliste, Selbstbeurteilungsskala). In CIPS (Collegium Internationale Psychiatriae Scalarum), (Hrsg.), Internationale Skalen für Psychiatrie. Weinheim: Beltz Test.

JAREMKO, M. E., SILBERT, L. & MANN, T. (1981). The Differential Ability of Athletes and Non-Athletes to Cope with Two Types of Pain: A Radical Behavioural Model. Psychological Records, 31, 265.

JERUSALEM, M. (1990). Persönliche Ressourcen, Vulnerabilität und Streßerleben. Göttingen: Hogrefe.

KERR, G. & MINDEN, H. (1988). Psychological Factors Related to the Occurence of Athletic Injuries. Journal of Sport & Exercise Psychology, 10, 167–173.

KNAB, E. (1985). Autogenes Training. In H. Gabler, H. Haase, O. Hug & H. Steiner (Hrsg.), Psychologische Diagnostik und Beratung im Leistungssport. Orientierungshilfen für die Praxis des Trainers (S. 175–181). Frankfurt: Deutscher Sportbund.

KNAPP, F. (1977). Rehabilitation und Psychologie. In W. Augsburger, W. Hermann,

F. Knapp, J. H. Küppers & H. P. Tews (Hrsg.), Rehabilitation. Praxis und Forschung (S. 16–29). Heidelberg: Springer.

KRAFT, H. (1989). Autogenes Training. Methodik, Didaktik und Psychodynamik. 2. überarbeitete und erweiterte Auflage. Stuttgart: Hippokrates.

KREUZRIEGLER, F. & GOLLNER, E. (1990). Hilfe nach Sportverletzungen. Ein Leitfaden zum gezielten Trainingsaufbau. Oberhaching: Sportinform.

KRÖNER, B. & SACHSE, R. (1981). Biofeedbacktherapie. Stuttgart: Kohlhammer.

KÜBLER-ROSS, E. (1969). On Death and Dying. New York: McMillan Publishing Company.

LANGEN, D. (1976). Der Weg des Autogenen Trainings. Darmstadt: Wissenschaftliche Buchgesellschaft.

LAZARUS, R. S. & FOLKMAN, S. (1987). Transactional Theory and Research on Emotions and Coping. European Journal of Personality, 1, 141–169.

LINDEMANN, H. (1975). Überleben im Streß. Autogenes Training. München: Mosaik-Verlag.

MCDONALD, S. A. & HARDY, C. J. (1990). Affective Response Patterns of the Injured Athlete: An Exploratory Analysis. The Sport Psychologist, 4, 261–274.

MILTNER, W., BIRBAUMER, N. & GERBER, W.-D. (1986). Verhaltensmedizin. Berlin, Heidelberg: Springer.

MONUS, A. (1977). Changes in Activation Level under the Effect of Autogenic Training. In IV. ISSP Kongres. Prag. 480–482.

NARCISS, S. (1993). Empirische Untersuchungen zur kognitiven Repräsentation bewegungsstruktureller Merkmale. Ein wissenspsychologischer Ansatz zur theoretischen Fundierung des Mentalen Trainings. Inaugural-Dissertation zur Erlangung des Grades eines Doktors der Philosophie. Fakultät für Sozial- und Verhaltenswissenschaften der Universität Heidelberg.

NITSCH, J. R. & SCHWENKMEZGER, P. (1987). Sportpsychologie – praxisorientiert und auf aktuellem Forschungsstand. Sportpsychologie, 1, 3–6.

ORLICK, T. & PARTINGTON, J. (1988). Mental Links of Excellence. The Sport Psychologist, 2, 105–130.

PÖHLMANN, R. (1985). Motorisches Lernen. Berlin: Sportverlag.

REIF, A. E. (1986). Risks and Gains. In P. F. Vinger (Ed.), Sports Injuries. 2. Aufl. (pp. 48–57). Littleton, Mass.: PSG Publ. Co.

ROGERS, C. R. (1951). Client-centered Therapy. Boston: Houghton Mifflin. Dtsch. Ausg. 1973. Die klientbezogene Gesprächstherapie. München: Kindler.

ROTELLA, R. J. (1982). Psychological Care of the Injured Athlete. In D. N. Kulund (Ed.), The Injured Athlete (pp. 213–224). Philadelphia: J. B. Lippincott.

ROTELLA, R. J. (1985). The Psychological Care of the Injured Athlete. In L. K. Bunker, R. J. Rotella & A. S. Reilly (Eds.), Sports Psychology: Psychological Considerations in Maximizing Sport Performance (pp. 273–287). Ann Arbor, Michigan: McNaughton & Gunn, Inc.

SARASON, B. R., SARASON, I. G. & PIERCE, G. R. (Eds.) (1990). Social Support: An Interactional View. New York: Wiley.

SCHULTZ, J. H. (1987). Das Autogene Training – konzentrative Selbstentspannung. (1. Aufl. 1932), 18. Aufl. Stuttgart: Thieme.

SCHWARZER, R. & LEPPIN, A. (1991). Soziale Unterstützung und Wohlbefinden. In Abele, A. & Becker, P. (Hrsg.), Wohlbefinden (S. 175–189). Weinheim und München: Juventus.

SCHWARZER, R. & LEPPIN, A. (1989). Sozialer Rückhalt und Gesundheit: Eine Meta-Analyse. Göttingen: Hogrefe.

SCHWENKMEZGER, P. (1991). Angst und Verletzungsanfälligkeit. Physikalische Therapie, 12, 836–840.

SCOTT, S. G. (1984). Current Concepts in the Rehabilitation of the Injured Athlete. Mayo Clinic Proceedings, 59, 85–90.

SIMONTON, C., SIMONTON, S. M. & CREIGHTON, J. L. (1984). Getting well again. New York: Bantam.

SMITH, A. M., SCOTT, S. G., O'FALLON, W. & YOUNG, M. L. (1990). The Emotional Responses of Athletes to Injury. Mayo Clinic Proceedings, 65, 38–50.

SMITH, A. M., SCOTT, S. G. & WIESE, D. M. (1990). The Psychological Effects of Sports Injuries: Coping. Sports Medicine, 9, 352–369.

SONNENSCHEIN, I. (1985). Progressive Relaxation. In H. Gabler, H. Haase, O. Hug & H. Steiner (Hrsg.), Psychologische Diagnostik und Beratung im Leistungssport. Orientierungshilfen für die Praxis des Trainers (S. 183–198). Frankfurt: Deutscher Sportbund.

SULSER, C. (1985). Eine schwere Knieverletzung aus der Sicht des Fußballers. Schweizer Zeitschrift für Sportmedizin, 4, 143–146.

TURK, D. C., MEICHENBAUM, D. & GENEST, M. (1983). Pain and Behavioral Medicine. New York: Guilford Press.

VAITL, D. (1977). Entspannungstechniken. In Pongratz, L. (Hrsg.), Handbuch der Psychologie, Klinische Psychologie. 8 (2), 2104–2143. Göttingen: Hogrefe.

VOLPERT, W. (1977). Optimierung von Trainingsprogrammen. Lollar/Lahn: Andreas Achenbach.

WATZLAWICK, P. (1988). Anleitung zum Unglücklichsein. 29. Auflage, München: Piper.

WEICHBRODT, K. (1994). Risikosportart Fallschirmspringen? Eine empirische Untersuchung der Einstellung von Fallschirmspringern zum Risiko. Wissenschaftliche Arbeit für das 1. Staatsexamen. Universität Heidelberg. Unveröffentlichtes Manuskript.

WEINBERG, R. (1985). Relationship between Self-Efficacy and Cognitive Strategies in Enhancing Endurance Performance. International Journal of Sport Psychology, 17, 280–292.

WEINBERG, R., SMITH, J., JACKSON, A. & GOULD, D. (1984). Effect of Association, Dissociation and Positive Self-Talk Strategies on Endurance Performance. Canadian Journal of Applied Sport Sciences, 9, 25–32.

WEISS, M. R. & TROXEL, R. K. (1986). Psychology of the Injured Athlete. Athletic Training, 21, 104–109, 154.

WIEDEMANN, E. (1977). Rehabilitation und Medizin. In W. Augsburger, W. Hermann, F. Knapp, H. J. Küppers & H. P. Tews (Hrsg.), Rehabilitation. Praxis und Forschung (S. 1–15). Heidelberg: Springer.

WIESE, D. M. & WEISS, M. R. (1987). Psychological Rehabilitation and Physical Injury: Implications for the Sports Medicine Team. The Sport Psychologist, 1, 318–330.

WIESE, D. M., WEISS, M. R. & YUKELSON, D. P. (1991). Sport Psychology in the Training Room: A Survey of Athletic Trainers. The Sport Psychologist, 5, 15–24.

WIESE-BJORNSTAL, D. M. & SMITH, A. M. (1993). Counseling Strategies for Enhanced Recovery of Injured Athletes within a Team Approach. In D. Pargman (Ed.), Psychological Bases of Sport Injuries. (pp. 149–182). Morgantown: Fitness Information Technology, Inc.

WOLPE, J. (1972). Praxis der Verhaltenstherapie. Bern: Huber.

WOLPE, J. & LAZARUS, A. A. (1966). Behaviour Therapy Techniques. Elmsford, N. Y.: Pergamon Press.

WORTMAN, C. B. & CONWAY, T. L. (1985). The Role of Social Support in Adaption and Recovery from Physical Illness. In S. Cohen & S. L. Syme (Eds.), Social Support and Health (pp. 281–302). New York: Academic Press.

Register

Register

Für höchste Ansprüche

Nancy Clark
Fit for Sports
Der Energie-Ratgeber für sportlich Aktive
Aktiver leben und im Sport erfolgreich sein durch richtige Ernährung: Programme für die Trainingsphasen und zur Gewichtskontrolle, 103 Rezepte für Gesundheit und Fitneß.

Peter Konopka
Sporternährung
Leistungsförderung durch vollwertige und bedarfsangepaßte Ernährung
Die wissenschaftlichen Grundlagen und die große Bedeutung der Ernährung für Leistung und Gesundheit – anhand von Beispielen leicht verständlich dargestellt.

Martin Engelhardt/Georg Neumann
Sportmedizin
Grundlagen für alle Sportarten
Für Sportmediziner, Trainer und alle interessierten Sportler: Reaktion und Anpassung des Organismus auf sportliche Belastungen; Prävention und Sporttherapie bei Erkrankungen.

Fritz Zintl
Ausdauertraining
Grundlagen, Methoden, Trainingssteuerung
Alle theoretischen und praktischen Aspekte des Ausdauertrainings für Trainer, Sportlehrer, Gesundheits- und Leistungssportler.

Dr. James E. Loehr
Persönliche Bestform durch Mentaltraining
für Sport, Beruf und Ausbildung
Psychisch in Top-Form: wettkampfbewährtes Programm, um die so entscheidende innere Stärke aufzubauen, die mentale Kondition zu steigern und auch im Alltag höchste Anforderungen zu meistern.

BLV